El *Tesoro* de un *Regalo* *Excepcional*

Roger Patrón Luján

Compilador

Edición y diseño: Sylvia H. Gallegos.

Cuidado de la edición: Traducciones MB, S.C.
Miriam Romo

Portada: departamento artístico de EDAMEX:
Margarita Hernández

Colección "Superación Personal"

Sexta edición: 30 de junio de 2005.

Ficha Bibliográfica:

Patrón Luján, Roger
El tesoro de un regalo excepcional
(pasta de lujo)
224 pág. De 17 x 23 cm.
Índice e ilustraciones.
20. Literatura 28. Superación Personal
ISBN-970-661-147-9

LIBROS PARA TODOS S.A. DE C.V.
Heriberto Frías No. 1104, Col. del Valle, México 03100.
Tels: 5559-8588. Fax: 5575-0555 y 5575-7035.

Para enviar un correo electrónico diríjase a la página de internet:

www.edamex.com

Impreso y hecho en México con papel reciclado.
Printed and made in Mexico with recycled paper.

CONTENIDO

La felicidad

La amistad

Padres e hijos

EL HOMBRE Y LA MUJER

LA RIQUEZA

LA EDUCACIÓN Y LA VIDA

EL TRABAJO

LOS MEXICANOS

LA COMUNICACIÓN CON DIOS

La madurez

AGRADECIMIENTOS

Angie, Alfredo, Antonio, Armando, Arturo, Augusto, Aurora, Berta, Carlos, Cata, David, Domenico, Eduardo, Elmer, Elsa, Enrique, Ernesto, Federico, Gabriel, Gaby, Georgina, Germán, Guillermo, Gonzalo, Irene, Ivette, Jaime, Joaquín, Jorge, Johnny, José Alberto, Lourdes, Manuel, María, Mario, Maricruz, Marisa, Mauricio, Merce, Mercedes, Miguel, Miriam, Mitzie, Mónica, Montserrat, Octavio, Oscar, Paola, Patricia, Pedro, Peter, Rafael, Raúl, Roberto, Rodolfo, Roger, Roger II, Rosa Isela, Salvador, Santos, Sergio, Stefano, Sylvia, Víctor.

¡Gracias!

PREFACIO

Una de las aficiones que más enriquece la vida es aquella en la que nos tomamos el tiempo para escribir o recortar un pensamiento o separar una página, con la idea de hacer el bien en algún alma que requiere el bálsamo reconfortante de unas palabras de aliento en el diario trajinar de su existencia.

Por eso, en cada pensamiento que contienen estos libros, reúno mi experiencia personal y lo que otros han logrado escribir, para llenar de ilusión, de entusiasmo y de amor la vida de mis semejantes.

Mi labor de recopilación tiene como objetivo principal investigar y difundir pensamientos, poemas, anécdotas y aforismos que pueden servir como estímulo, guía y superación a los lectores. Para lograr cada uno de los volúmenes que llegan a tus manos, he solicitado ayuda para rectificar autores, así como colaboraciones de muchos de nuestros lectores, que con sus aportaciones han logrado servir de guía a otras personas.

Al hacer esta investigación, salieron a la luz los nombres de muchos autores, cuyos pensamientos se atribuían a otros, como por ejemplo:

El poema "Viajar" que no es de Gabriel García Márquez, el escritor colombiano, sino de un homónimo mexicano que ahora firma como Gabriel D. García Márquez o Gabriel Gamar; "Sólo por hoy" es de Kenneth L. Holmes, "Si lloras por haber perdido el sol" de Rabindranath Tagore; "Desiderata" es original de Max Ehrman; "La amistad" es del poeta y escritor argentino Horacio E. Ratti; "El arte del matrimonio", de Wilferd A. Peterson.

Me percaté de que a Rudyard Kipling, se le han atribuido más poemas de los que él escribió, tales como "A mi hijo" y "No desistas"; en realidad "Si" es el único que proviene de su inspiración. "Da" lo escribió John Wesley. "¿Qué es un niño?" y "¿Qué es una niña?" los atribuía a dos autores diferentes, pero la investigacion me reveló a su verdadero autor, Alan Beck.

"El verdadero disfrute de la vida", de George Bernard Shaw, son párrafos tomados de "Hombre y Superhombre" y de otras de sus obras. "El éxito comienza con la voluntad" es de Napoleón Hill. "Hay personas en el mundo" es de Érica Jong. "Cosechar" pertenece a Kuang Chung, "Hubo una vez un hombre", es de James A. Francis y se titula "Una vida solitaria"; "Concédeme, Señor" pertenece a Reinhold Niebuhr.

"La juventud" sí pertenece a Douglas MacArthur. "Pisadas" es de Margaret Fishback. "Instantes" no es de Jorge Luis Borges sino de Nadine Stair y su verdadero título es *If I had my life to live over again*. "En recuerdo mío" es de Robert N. Test, escritor norteamericano. "La marioneta" no es de Gabriel García Márquez sino de un ventrílocuo mexicano, Johnny Welch. Y "40 años después" le pertenece a la poetisa yucateca Mercedes Erosa de Bejarano.

La entusiasta acogida que dispensó el público hace algunos años al primer tomo de *Un Regalo Excepcional*, determinó la selección y el cuidado de los siguientes. Hoy están publicados cuatro volúmenes, notoriamente aumentados en forma tal que en verdad se trata de nuevos libros, los que se han enriquecido no solamente con cuidadas selecciones de pensamientos, sino con nuevas características unidas en doce temas que hacen de cada uno de ellos obras de consulta más eficaces, completas y modernas.

En suma, este quinto libro *El Tesoro de un Regalo Excepcional*, presenta lo más depurado del pensamiento humano, proporcionando a esta selección amenidad y múltiples facetas, haciendo su lectura útil y grata no sólo para los buscadores de bellos pensamientos o de sabiduría humana, sino para toda persona que busque una luz en el camino.

Dedico estos libros a todos aquellos que se interesan por el amor a la vida, especialmente a la juventud encargada de diseñar el mundo del mañana.

Roger Patrón Luján

Prólogo

Pensar, discernir, razonar son características que distinguen al ser humano del animal y que le permiten optar por varios caminos, incluso, descubrir nuevas sendas. Sin embargo, tales dones no se agotan en ellos mismos: se complementan primero con la acción y, casi simultáneamente, con la necesidad de transmitir ese pensamiento. He ahí la magia de la comunicación.

En los albores de la humanidad, seguramente fue a señas que el hombre se comunicó con el hombre. Después, debe de haber sido con un gruñido precoz, que fue transformándose poco a poco en palabra. Por medio de la palabra pudo el ser humano manifestar sus ideas y darle nombre a su realidad. Por la palabra el hombre conoció el sentido y el significado del mundo y de sí mismo. Por eso primero fue el verbo, después es el verbo y siempre será el verbo.

Muchos años después —los que de esto saben dicen que fueron millones— la palabra se plasmó en el tiempo a través de la escritura, herramienta asombrosa que vino a convertirse en arte. Sobre barro, piedra, papiro, papel y hasta en los inconcebibles chips electrónicos, la palabra escrita ha conservado y transmitido lo más humano del hombre: su pensamiento, su idea, su sentimiento.

El hombre logró conservar la palabra escrita, difundirla y magnificarla y, así, hacerla asequible a otros seres humanos. Cada vez lo hizo con mayor eficiencia: primero, por medio de escribanos —a veces fueron dedicados monjes— que copiaban extensas obras a mano durante meses, años, vidas enteras. Más tarde con la imprenta —admirable avance de la cultura— la humanidad dio gran salto cuando fue capaz de transmitir, a muchos y al mismo tiempo, las ideas de unos cuantos.

Así nació la comunicación que a la fecha tantas formas tiene: el Libro es sólo una de ellas; para mí la más querida. Podrá la humanidad seguir evolucionando como hasta ahora, cada vez a un ritmo más acelerado —quién lo duda— y, sin embargo, el Libro (con mayúscula, ¡qué caray!) permanecerá como fiel testigo de su paso por la historia.

Las ideas del hombre pueden ser buenas, malas o regulares. Escoger de entre ese universo, lo bueno —quizá, lo mejor— resulta no sólo una labor ímproba, sino muy útil. Así nace la antología, género señaladamente provechoso, sobre todo en estos tiempos tan limitados de espacios (físicos y temporales) propios para la lectura. Si concebir una idea es estimable, el rescatarla, transmitirla y difundirla es concluyente. Ésa ha sido la venturosa labor de Roger Patrón en los últimos años.

El Tesoro de un Regalo Excepcional, el más reciente libro de Roger, es eso, una antología, aunque con características muy especiales como notarás nada más comiences a adentrarte en él: dichos, pensamientos, aforismos, preceptos, sentencias de los más variados autores, unos conocidos otros anónimos, a propósito de la vida y sus significados, en torno a los temas que inquietan al hombre común, al hombre y la mujer que quieren vivir su vida de la mejor manera posible. La libertad, el amor, la felicidad, la amistad, el trabajo, la relación entre padres e hijos, entre criatura y creador, son algunos de los temas que aquí se tratan.

Por eso, más que prologar un libro como éste, anhelo, generoso lector, presentarte a un nuevo amigo: un libro-amigo que siempre estará dispuesto a platicar contigo en tus dulces y tranquilas soledades; te aconsejará a solas sin molestarse por que no sigas sus consejos; te dejará sin resentimientos cuando tú decidas hacerlo a un lado, cerrarlo; y regresará a ti en el momento que quieras, con la misma sonrisa amable y la buena disposición que tuvo contigo el primer día que lo abriste.

Gracias, Roger, por este nuevo libro-amigo. Gracias por este regalo excepcional. Gracias por difundir las hermosas ideas que habitan las páginas de *El Tesoro de un Regalo Excepcional*.

Mario Ortega Sánchez

¡Mira, hijito, en esta vida,
Dios te dio una misión
que cumplir...!
Alicia Steta de Pliego

Un joven diferente

Qué pensarías de un joven si te digo que a sus veinticinco años
ha ganado varias medallas de natación, además es aficionado al
futbol, a la lucha libre y a los toros, gusta de la pintura y ha
obtenido reconocimientos en varias exposiciones, disfruta de
pasear a caballo, caminar por las tardes y escuchar música.
Sabe tocar instrumentos como la flauta, la guitarra y el
sintetizador; baila y lo hace bien.

Y no sólo eso, también sabe hacer pan, fue maestro de
carpintería, presidente de la sociedad de alumnos de una
escuela, se ha presentado en televisión y es conferencista.

Lo más probable es que, ante tal descripción, estés de acuerdo
conmigo en que se trata de un joven con amplio potencial y una
gran sensibilidad, que ha podido definir sus gustos y desarrollar
sus capacidades con éxito; en resumen, un joven triunfador.

Ese joven, se me hace poco decirle joven, ese hombre tiene un
nombre: Javier Adolfo Pliego Steta. Para los amigos es Javi, para
los que apenas lo conocen es un "niño" más con síndrome de
Down, pero para aquellos que lo queremos y lo conocemos es un
ejemplo de perseverancia y amor que ha escrito un libro:

Mis canciones.

Juan Antonio Pliego Steta

LA LIBERTAD

La libertad nos da mayor responsabilidad en cada acción,
en cada paso que damos a lo largo de nuestra vida.

Roger Patrón Luján

Mi misión

Encontraré mi Camino
Descubriré mi Verdad
Abriré mi Vida
Levantaré mi Obra

Seguiré el Rastro
Marcaré el Paso
Imprimiré mis Pisadas
Dejaré mis Huellas

Percibiré lo que Escucho
Concebiré lo que Escribo
Meditaré lo que Leo
Intuiré lo que Digo

Y visualizaré mi Sendero
Proyectaré mi Realidad
Cimentaré mi Existencia
Y construiré mi Creación

Sintiendo con Amor
Pensando con Sabiduría
Actuando con Realización
Y obrando con Paz

Stefano Tanasescu Morelli

Nadie deja de llegar

Nadie alcanza la meta con un solo intento ni perfecciona la vida con una sola rectificación, ni alcanza altura con un solo vuelo.

Nadie camina la vida sin haber pisado en falso muchas veces.

Nadie recoge cosechas sin probar muchos sabores, enterrar muchas semillas y abonar mucha tierra.

Nadie mira la vida sin acobardarse en muchas ocasiones, ni se mete en el barco sin temerle a la tempestad, ni llega al puerto sin remar muchas veces.

Nadie siente el amor sin probar sus lágrimas ni recoge rosas sin resentir sus espinas.

Nadie hace obras sin martillar sobre un edificio, ni cultiva amistad sin renunciar a sí mismo.

¡Ni se hace hombre sin sentir a Dios!

Nadie llega a la otra orilla sin haber ido haciendo puentes.

Nadie deja el alma lustrosa sin el pulimento diario.

Nadie puede juzgar sin conocer primero su propia debilidad.

Nadie consigue su ideal sin haber pensado muchas veces que perseguía un imposible.

Nadie conoce la oportunidad hasta que ésta pasa por su lado y la deja ir.

Nadie encuentra el pago de Dios hasta caminar por la sed del desierto.

Pero nadie deja de llegar, cuando tiene la claridad de un don, el crecimiento de su voluntad, la abundancia de la vida, el poder para realizarse y el impulso divino.

Nadie deja de llegar cuando en verdad se lo propone.

Si sacas todo lo que tienes y estás en paz interior, ¡vas a llegar!

María Gabriela del Giudice Vieira

Cuando liberamos al líder que hay en cada uno de nosotros suceden cosas extraordinarias.

Roger Martínez Peniche

La mente es como un paracaídas... sólo funciona si la tenemos abierta.

Albert Einstein

La semilla dorada

Hace un tiempo sin determinación específica, en un lugar ni lejos ni cerca, donde había un clima entre cálido y frío, existían tres amigos que tenían un tiempo libre y pensaron que sería bueno utilizarlo en algo productivo. Después de discutirlo ampliamente, decidieron emprender un viaje para conocer nueva gente y nuevos lugares.

En el lugar que visitaron se acostumbraba regalar una semilla a cada persona que se conocía, por lo que estos amigos iban recopilando abundantes semillas.

Un día, entre el principio y el fin de su viaje, era casi de noche, el sol disminuía su intensidad, despidiéndose con unos débiles rayos de colores sorprendentes que se confundían en una luz entre brillante y opaca ya sin fuerzas de seguir, pues la majestuosa luna hacia gala de su imponente presencia.

Esa noche parecía algo especial, pues el ambiente era cálido y agradable, se podían distinguir los colores y se escuchaban sonidos espectaculares que junto con la brisa transportaban a un lugar nunca soñado.

Y ahí, en medio de este increíble paisaje se encontraba una modesta y pequeña cabaña estructurada con viejos y astillados leños; a su lado un majestuoso, frondoso y enorme árbol, con unos frutos muy especiales, ya que eran como lenguas de fuego que no quemaban, compuestos por destellos de tantos colores confundidos en un dorado nunca antes visto.

Conforme los muchachos se fueron acercando, sentían una tranquilidad y potencialidad, en pocas palabras, se sentían indescriptiblemente bien.

Como ya era muy tarde y no conocían esos rumbos, decidieron pedir posada para pasar la noche.

Al llegar a la cabaña, tocaron la puerta y les abrió un viejecito de piel blanca con pequeñas pecas, arrugada por el tiempo y la experiencia.

Los muchachos explicaron su situación al anciano y éste con gusto los acomodó en su pequeña casa, les dio una vieja pero cálida cobija a cada uno y los jóvenes se dispusieron a descansar.

Al despertar, cuando el sol empezaba a estirar sus dormidos rayos y la luna se disponía a dormir para la siguiente noche, el anciano estaba cortando leños. Los muchachos se levantaron y fueron a agradecerle su hospitalidad. El viejo les pidió que esperaran y le otorgó a cada uno una pequeña bolsa de cuero, haciéndoles la aclaración de que sólo la podían abrir al llegar a su casa en lo profundo de sus habitaciones.

Al escuchar esto, los jóvenes partieron a casa sin más ni más. Y cada uno se dispuso a retirarse a sus habitaciones para abrir la pequeña bolsa, tal y como se los había dicho el viejecito.

El primer joven abrió la bolsa y se sorprendió al ver que una luz inundaba su cuarto con olores y sonidos extraordinarios que lo invitaban a la reflexión y lo hacían sentir lleno de potencialidad y capaz de hacer lo que él más deseara. Al ver tal efecto, cerró la bolsa y la escondió en el lugar más secreto de su cuarto para que nadie más pudiera verlo, sentirlo o escucharlo, salvo él, en caso de necesitarlo.

El segundo hizo lo mismo que el primero y vio aquella extraordinaria semilla, aunque en lugar de guardarla, la puso en el lugar más visible de la casa para que todo aquel que lo visitara la viera.

El tercer joven abrió la bolsa y, al igual que los otros dos jóvenes, descubrió esta espectacular semilla pero, al contrario de los otros, la plantó. Con cuidado y riego, al paso del tiempo la semilla se convirtió en ese grandioso y fabuloso árbol que vieron al lado de aquella pequeña cabaña.

Después de este acontecimiento el joven se convirtió en la persona que siempre había deseado, y él también reflejaba lo mismo que el árbol.

Desde entonces, este joven se convirtió en un sembrador de semillas doradas, y cada vez que lo visitaban o conocía nuevas personas, él les regalaba una semilla dorada.

Anónimo

La libertad de una persona es algo grande, incluso la libertad de toda una nación comienza con la libertad de una sola persona.

Debes respetar tu libertad, la de tu vecino y la de toda la gente.

León Tolstoi

La libertad es la capacidad de elección del ser humano.

Patricia Capetillo Traeger

VIVE PLENAMENTE

Modifica tu forma de sentir,

guía tu manera de pensar,

cambia tu modo de actuar,

quiérete mucho,

ama la vida de todos,

agradece tu existencia,

conságrate a superarte,

entrégate a tu trabajo,

ejerce tu libertad,

recupera tu dicha,

manifiesta tu paz,

y venera a Dios.

Stefano Tanasescu Morelli

Es importante brindar libertad absoluta a aquellos que queremos; eso les demostrará nuestra confianza en ellos y les permitirá elegir lo mejor.

Roger Patrón Luján

DARSE TIEMPO

En esta vida me dará tiempo de recorrer el mundo y sus sentimientos, de emocionarme y conocer, de saber lo que es saber y percibir lo que es sentir; me dará tiempo de estar feliz y ser enormemente bueno y respetuoso; tendré hijos y los querré y estoy seguro de que ganaré su cariño y su respeto; transitaré por la vida al lado del amor, seré para mi compañera su eterno protector y fiel acompañante.

No le mostraré al mundo la manera sana de vivir, me lo mostraré a mí, y esto dará ejemplo a los que en mí se fijen; no pretendo someter a mi arbitraje las cosas que suceden, pero siempre tendré una opinión que se comparta por la mayoría.

Estoy seguro de que este camino me llevará lejos, como me transporta el olor de los bolillos y el color de la sandía, la piel de mi siempre amada y la métrica de mis versos.

Acuso y admiro la soberbia que se convierte en motor de algunos hombres y nunca envidio la riqueza de los otros; seré puntual toda mi vida porque es lo correcto; acariciaré a todos los niños como propios porque reconozco en ellos el tránsito de la humanidad y condenaré siempre el egoísmo, teniendo siempre bajo el saco una dosis de tolerancia y un gran costal de consuelo.

Sergio García López

Libre es quien desea lo que es capaz de realizar, y realiza lo que le agrada.

Juan Jacobo Rousseau

EL LIBRO DE TU VIDA

El día de tu nacimiento, cuando sólo sabías llorar, recibiste mil besos y caricias, pero también un libro con las hojas en blanco, sin estrenar: ¡El libro de tu vida!

Desde aquel instante comenzaste a escribir la historia de tu vida. Ya llevas varias páginas. ¿Qué has escrito hasta ahora? A veces escribimos y escribimos y nunca hojeamos las páginas escritas.

Toma el libro de tu vida y repásalo durante unos minutos.

Tal vez encuentres capítulos o páginas que te gustaría besar, algunas escenas te harán llorar, y al abrir alguna página amarilla o reciente, te entrarán ganas de arrancarla. Se ve negra con salpicaduras de tinta. Pero Pilatos te diría: ¡Lo escrito , amigo, escrito está! Tú lo has escrito con tu puño y letra, no con la tinta de una pluma cualquiera, sino con la tinta de tu libertad. "Tú mismo has forjado tu propia aventura", decía el manco de Lepanto. "Porque veo al final de mi duro camino que yo fui el arquitecto de mi propio destino", sentencia Amado Nervo, quien prefiere la metáfora del arquitecto.

No arranques esas páginas, pide perdón si cometiste un error, para que así se borren todos tus garabatos y puedas continuar escribiendo tu historia mejor que ayer.

¿Por qué no almacenar el libro de tu vida entre los *best sellers* del mundo? Aprovecha tu tinta porque tarde o temprano se te va a acabar, y ¡no se venden repuestos ni en los kioscos ni en las librerías!

La vida es una y se vive una sola vez. La muerte cerrará tu libro. Y al final sólo pedirán tu libro, y alguien lo leerá o lo pasará en video, como las aventuras. Todos somos arquitectos y novelistas, así es que, borrón y cuenta nueva. Comienza cuanto antes tu *best seller*.

Anónimo

31

¿PARA QUÉ TE PREOCUPAS?

En el mundo hay personas tan pobres, que únicamente poseen dinero. Tal era el caso de Rahab, un hombre que era, en forma dramática, esclavo fiel del dinero.

Rahab tenía sed de riqueza y nada más que el oro le importaba: trabajaba como si fuese a vivir eternamente, como si el dinero fuese su religión, como si con él pudiese comprar a un fiel amigo, el amor de sus hijos o la paz de un hogar.

Mas, como no se procuraba momentos sino para reunir fortuna, no tenía un amigo ni un amor ni paz. Compró el dinero —como alguien dijo— demasiado caro.

No sólo era muy ambicioso, Rahab era también avaro.

Cuanto oro ganaba lo ocultaba en su cueva secreta, lo contemplaba extasiado un largo rato y luego se iba, no sin antes contar un par de veces a cuánto ascendía su gran riqueza.

Y si al salir de ahí camino al templo encontraba a un anciana con hambre o frío, no le importaba, ¡el dinero era suyo!
No cabe duda, era un avaro.

  ¡Ni siquiera él disfrutaba de su oro!

Lo guardaba todo, quería atesorar, tan sólo atesorar. Así era de mezquina su ambición.

Una mañana Rahab volvió a su cueva. La abrió y, al ver aquello, el corazón se le paró de golpe. Palideció, sintió que agua helada corría velozmente por sus venas: ya no había nada. Unos rufianes abrieron un boquete en la cueva y se llevaron todo.

Desconsolado, lloró. Difícilmente pudo llegar al templo y, al entrar, el rabino lo vio como nunca antes: abatido, casi muerto. Alarmado le preguntó:

¿Qué te sucede, Rahab?

Rahab tenía desdibujado el rostro, los ojos llenos de lágrimas y de su boca ya casi no brotaba el aliento.

Sin embargo, realizó un gran esfuerzo y le contó su desgracia. Y éste, que conocía bastante bien a Rahab, simplemente le dijo:

¿Para qué te preocupas, Rahab? ¡**Sigue** viviendo **como** hasta ahora, y piensa que tu oro está **en la cueva**!

Patricia Sánchez Celaya
Narrado por Guillermo Ballesteros Ibarra

Todos somos exploradores. ¿Cómo puede uno entonces pasar por la vida mirando una puerta sin abrirla?

Robert Ballard

Lo único peor que no tener vista es no tener visión.

Helen Keller

EL AMOR

Comparto el lazo invisible llamado amor con mi esposa,
mis hijos, mis nietos y mis amigos.

Roger Patrón Luján

PALABRAS

Si te dices filósofo,
no me hables de filosofía;
muéstrame tu amor a la verdad.

Si te dices pensador,
no me hables de lo que pensaron los pensadores;
muéstrame qué piensas tú.

Si te dices político,
no me hables de política;
muéstrame qué haces por el bien de todos.

Si te dices bueno,
no me hables de la bondad;
muéstrame cómo amas.

Si te dices creyente,
no me hables de tu credo o de tu religión;
muéstrame tu modo de vivir.

Si te dices teólogo,
no me hables de teología;
muéstrame qué significa Dios en tu vida.

Convengamos en no engañarnos huyendo con el ruido de palabras
huecas del vértigo que nos causan los vacíos de nuestra vida.

René Trossero

LOS MEJORES REGALOS DE NAVIDAD

A tu enemigo,   el perdón.

A tu adversario,   la tolerancia.

A tu amigo,   tu corazón.

A un cliente,   el servicio.

A cada niño,   el buen ejemplo.

A ti mismo,   el respeto.

A Dios,   tú mismo.

A todos los hombres,   el amor.

Anónimo

El cariño o amor que encerramos en el corazón, que no expresamos, es como la carta escrita que nunca enviamos.

Patricia Capetillo Traeger

Es más dichoso el que ama que aquel que es amado.

Anónimo

Muerto en vida

Un hombre que murió llega ante San Pedro:

—¿Amaste a una mujer?

—No, jamás amé a ninguna.

—¿Quisiste a un amigo?

—No, a nadie le di mi afecto.

—¿Te inspiró ternura algún niño?

—No.

—¿Te deleitó la naturaleza?

—No.

—Regresa y aprende a amar.

¡Porque has estado muerto en vida!

Armando Fuentes Aguirre

Para encontrar la felicidad sólo hace falta convencerse de que el amor es el único sentimiento que mueve al mundo.

María Noel

EL MATRIMONIO Y EL AMOR

Un famoso maestro se encontró frente a un grupo de jóvenes que estaban en contra del matrimonio. Los muchachos argumentaban que el romanticismo constituye el verdadero sustento de las parejas y que es preferible acabar con la relación cuando éste se apaga en lugar de entrar a la hueca monotonía del matrimonio.

El maestro les dijo que respetaba su opinión, pero les relató lo siguiente:

Mis padres vivieron 55 años casados. Una mañana mi mamá bajaba las escaleras para prepararle a papá el desayuno y sufrió un infarto. Cayó. Mi padre la alcanzó, la levantó como pudo y casi a rastras la subió a la camioneta.

A toda velocidad, rebasando, sin respetar los altos, condujo hasta el hospital. Cuando llegó, por desgracia, ya había fallecido. Durante el sepelio, mi padre no habló, su mirada estaba perdida.

Casi no lloró. Esa noche sus hijos nos reunimos con él. En un ambiente de dolor y nostalgia recordamos hermosas anécdotas. Él pidió a mi hermano teólogo que le dijera dónde estaría mamá en ese momento. Mi hermano comenzó a hablar de la vida después de la muerte, conjeturó cómo y dónde estaría ella.

Mi padre escuchaba con gran atención. De pronto pidió: "llévenme al cementerio". Papá —respondimos— ¡son las 11 de la noche! No podemos ir al cementerio ahora.

Alzó la voz y con una mirada vidriosa dijo: "No discutan conmigo, por favor, no discutan con el hombre que acaba de perder a la que fue su esposa por 55 años".

Se produjo un momento de respetuoso silencio. No discutimos más. Fuimos al cementerio, pedimos permiso al velador, y con una linterna llegamos a la lápida.

Mi padre la acarició, lloró y nos dijo a sus hijos que veíamos la escena conmovidos:

"Fueron 55 buenos años... ¿saben? Nadie puede hablar del amor verdadero si no tiene idea de lo que es compartir la vida con una mujer así." Hizo una pausa y se limpió la cara. "Ella y yo estuvimos juntos en aquella crisis. Cambió de empleo, hicimos el equipaje cuando vendimos la casa y nos mudamos de ciudad."

"Compartimos la alegría de ver a nuestros hijos terminar su carrera, lloramos uno al lado del otro la partida de seres queridos, rezamos juntos en la sala de espera de algunos hospitales, nos apoyamos en el dolor, nos abrazamos en cada Navidad y perdonamos nuestros errores...

"Hijos, ahora se ha ido y estoy contento, ¿saben por qué? Porque se fue antes que yo, no tuvo que vivir la agonía y el dolor de enterrarme, de quedarse sola después de mi partida. Seré yo quien pase por eso y le doy gracias a Dios. La amo tanto que no me hubiera gustado que sufriera..."

Cuando mi padre terminó de hablar, mis hermanos y yo teníamos el rostro empapado de lágrimas. Lo abrazamos y él nos consoló: "Está bien, hijos, podemos irnos a casa; ha sido un buen día".

Esa noche entendí lo que es el verdadero amor... Dista mucho del romanticismo, no tiene que ver demasiado con el erotismo, más bien se vincula con el trabajo y el cuidado que se profesan dos personas realmente comprometidas.

Cuando el maestro terminó de hablar, los jóvenes universitarios no pudieron debatirle. Ese tipo de amor era algo que no conocían.

Anónimo

41

AMOR TOTAL

Aunque nuestro amor es compañía
a veces siento soledad,

aunque es fuego
en ocasiones tengo frío,

aunque es entrega
a veces no te encuentro,

aunque es fusión
en ocasiones me alejo,

aunque es alegría
también significa llanto.

Irene Fohri

 Si deveras queremos amar, tenemos que aprender a perdonar.

Madre Teresa de Calcuta

*Muchos hombres han tenido la suerte de casarse con la mujer que aman.
Pero tiene mucho más suerte el hombre que ama a la mujer con la que
se ha casado.*

Lord Chesterton

REGALO DE AMOR

Dijo a Hu-Ssong uno de sus alumnos:

—Maestro: quiero hacerle a mi amada un regalo.
¿Crees que le gustará esto que le llevo?

Sin volverse a ver el regalo le preguntó Hu-Ssong:

—Tu amada ¿te ama?

—Sí, maestro —respondió el joven— estoy seguro de su amor.

—Entonces —concluyó el filósofo—, le gustará el regalo.
Si te ama, cualquier regalo que reciba de ti le gustará.

El alumno entendió la enseñanza que había en la sencilla lección
de su maestro: el amor hace que en la persona amada amemos
todo, y que por ella... todo amemos.

Armando Fuentes Aguirre

*Tal vez para el mundo seas sólo alguien, pero ojalá tengas alguien para
quien seas todo el mundo.*

Anónimo

QUIERO SER...

Quiero ser en tu vida algo más que un instante;
algo más que una sombra y algo más que un afán.

Quiero ser dentro de ti una huella imborrable
y un recuerdo constante y una sola verdad.

Palpitar en tus rezos con temor de abandono,
ser en todo y por todo complemento en ti
una sed infinita de caricias y besos,
pero no una costumbre de estar cerca de mí.

Quiero ser en tu vida una pena de ausencia
y un dolor de distancia y una eterna amistad.

Algo más que una imagen y algo más que el ensueño;
que venciendo caminos llega, pasa y se va...

Ser el llanto en tus ojos y en tus labios la risa
ser el fin y el principio, la tiniebla y la luz.

Y la tierra y el cielo... y la muerte y la vida;
ser igual que en mi vida has venido a ser tú.

Anónimo

*Recuerda que la mejor relación es aquella en la que el amor por cada uno
excede la necesidad por el otro.*

Dalai Lama

¿Cuál es...?

El día más bello...	hoy.
La cosa más fácil...	equivocarse.
El obstáculo más grande...	el miedo.
El mayor error...	abandonarse.
La raíz de todos los males...	el egoísmo.
La distracción más bella...	el trabajo.
Los mejores profesores...	los niños.
La primera necesidad...	comunicarse.
Lo que nos hace más felices...	ser útiles a los demás.
El misterio más grande...	la muerte.
El peor defecto...	el mal humor.
La persona más peligrosa...	la mentirosa.
El sentimiento más ruin...	el rencor.
El regalo más bello...	el perdón.
Lo más imprescindible...	el hogar.
La ruta más rápida...	el camino correcto.
La sensación más grata...	la paz interior.
El resguardo más eficaz...	la sonrisa.
El mejor remedio...	el optimismo.
La mayor satisfacción...	el deber cumplido.
La fuerza más potente del mundo...	la fe.
Las personas más necesarias...	los padres.
La cosa más bella de todas...	el amor.

Atribuido a la Madre Teresa de Calcuta

¡AMIGO DE MIS MUCHOS AÑOS!

Cuando el gran silencio al fin me acalle, no permitas que deje, para tu dolor, un recuerdo de lágrimas, sino gratos pensamientos de quien se honró con tu amistad y bebió el vino del consuelo, destilado de tus propias penas.

Te dejo la sensación de manos alzadas y pruebas superadas, la solidaria alegría que halla en la ayuda su propia recompensa, la certeza de que obtuve, de ti y del manto del Maestro, calma y fortaleza, la virtud que fortalece y sana sin cicatrices.

Más aún, la certidumbre de que el amor que aquí no expreso cabalmente aún vive, colma la celestial atmósfera con su canción inmortal.

John Greenleaf Whittier

La edad no te protege del amor, pero el amor sí te protege de la edad.

Jean Moreau

El que ama jamás juzga, por lo tanto, no tiene necesidad de perdonar.

Patricia Capetillo Traeger

SI MAÑANA NUNCA LLEGA

Si supiera que hoy fuera la última vez que te voy a ver dormir, te abrazaría fuertemente y rezaría al Señor para poder ser el guardián de tu alma.

Si supiera que ésta fuera la última vez que te vería salir por la puerta, te daría un beso y te llamaría de nuevo para darte más.

Si supiera que ésta fuera la última vez que voy a oír tu voz, grabaría cada una de tus palabras para poder oírlas una y otra vez indefinidamente.

Si supiera que éstos son los últimos minutos que te veré, diría cuánto te amo y no supondría, tontamente, que ya lo sabes.

Siempre hay un mañana y la vida nos da otra oportunidad para hacer las cosas bien, pero por si me equivoco y hoy es todo lo que nos queda, me gustaría decirte cuánto te amo y que nunca te olvidaré.

El mañana no le está asegurado a nadie, joven o viejo.

Hoy puede ser la última vez que veas a los que amas.

Por eso no esperes más, hazlo hoy, ya que si mañana nunca llega, seguramente lamentarás el día que no tomaste tiempo para una sonrisa, un abrazo, un beso. Y que estuviste muy ocupado para concederle a alguien un deseo.

Mantén a los que amas cerca de ti, diles al oído lo mucho que los necesitas, quiérelos y trátalos bien, toma tiempo para decirles: lo siento, perdóname, por favor, gracias y todas las palabras de amor que conoces.

Así, si mañana nunca llega, no tendrás remordimientos.

Anónimo

LA FELICIDAD

*Cada instante en la vida es un descubrimiento, ¡vívelo! y
una enseñanza, ¡apréndela!*

Roger Patrón Luján

¿Para qué pedir felicidad?

Si todo quieres comprarlo...
si no estás en busca...
receptivo... despierto... ¡vivo!

Si no cultivas rosas ni esperas milagros...
ni sueñas con ideales.

Si no tienes una copa para saciar la sed...
ni una pincelada para mirar los acontecimientos...
ni una mano para ayudarte a caminar.

Para qué pides felicidad, si no conoces sus grados,
su inspiración, su movimiento...

Si no atinas a llevarla como estrellas en tus ojos...
como convicción en tu mente...
como cuerda en el corazón...

¿Para qué quieres estrellas si te falta la luz?

¿Para qué decir, "Señor dame felicidad",
si no estás dispuesto a ser feliz?

Zenaida Bacardí

BAILA COMO SI NADIE TE ESTUVIERA VIENDO

No hay mejor momento para ser felices que ahora.

Si no es ahora, ¿cuándo?

Tu vida siempre estará llena de retos y vicisitudes, hay que admitirlo y decidir ser felices de todas formas. Una frase de Alfred Souza es muy ilustrativa:

> ...por mucho tiempo parecía que la vida estaba a punto de comenzar, "la vida de verdad". Pero siempre había algún obstáculo en el camino, algo que resolver primero, algún asunto sin terminar, tiempo por pasar, una deuda que pagar. Entonces la vida comenzaría.

Hasta que me di cuenta de que esos obstáculos eran en sí MI VIDA. Esa perspectiva me ha ayudado a ver que no hay camino a la felicidad.

La felicidad es EL CAMINO.

Así que atesora cada momento que tienes y atesóralo más cuando lo has compartido con alguien especial, lo suficientemente especial para compartir tu tiempo, y recuerda que el tiempo NO ESPERA POR NADIE...

Así que deja de esperar ese momento...
   a que termines la escuela,
   hasta que vuelvas a la escuela,
   hasta que bajes diez kilos,
   hasta que tengas hijos,
   hasta que tus hijos se vayan de casa,
   hasta que te cases,
   hasta que te divorcies,
   hasta el viernes por la noche,

hasta el domingo por la mañana,
hasta la primavera, el verano, el otoño, el invierno,
o hasta que estés a punto de morir...

para decir que no hay mejor momento que "ése" para ser feliz...

¡La felicidad es todo este trayecto, no un destino!

Trabaja como si no necesitaras dinero.
Ríe... como si por dentro no estuvieras llorando.
Ama como si nunca te hubieran herido...

¡Baila como si nadie te estuviera viendo!

Anónimo

No digas que no encuentras la felicidad si no puedes apreciar la belleza en la forma de un árbol o el sol alumbrando un camino de hortensias.

No digas que no encuentras la felicidad si no valoras tantas riquezas que están a la mano.

Roger Patrón Luján

Vasijas agrietadas

Un cargador de agua de la India tenía dos grandes vasijas que colgaban a los extremos de un palo que llevaba encima de los hombros.

Una de las vasijas tenía varias grietas, mientras que la otra era perfecta y conservaba toda el agua hasta el final del largo camino a pie, desde el arroyo hasta la casa de su patrón. Pero cuando el hombre llegaba, la vasija rota sólo tenía la mitad del agua.

Durante dos años esto se repitió diariamente.

Desde luego la vasija perfecta estaba muy orgullosa de sus logros, pues se sabía perfecta para los fines para los que fue creada. Pero la pobre vasija agrietada estaba muy avergonzada de su propia imperfección y se sentía miserable porque sólo podía hacer la mitad de lo que se suponía era su obligación.

Después de dos años, la tinaja quebrada le habló al aguador diciéndole: Estoy avergonzada y me quiero disculpar contigo porque debido a mis grietas sólo puedes entregar la mitad de mi carga y sólo obtienes la mitad del valor que deberías recibir.

El aguador, apesadumbrado, le dijo compasivamente:

Cuando regresemos a la casa quiero que notes las bellísimas flores que crecen a lo largo del camino.

Así lo hizo la tinaja.

Y en efecto vio muchísimas flores hermosas, pero de todos modos se sintió apenada porque, al final, sólo quedaba dentro de sí la mitad del agua que debía llevar.

El aguador le dijo entonces:

¿Te diste cuenta de que las flores sólo crecen en tu lado del camino?

Siempre he sabido de tus grietas y quise sacar el lado positivo de ello. Sembré semillas de flores a todo lo largo del camino por donde vas y todos los días las has regado y por dos años yo he podido recoger estas flores para decorar mi altar.

Si no fueras exactamente como eres, con todos tus defectos, no hubiera sido posible crear esta belleza.

Cada uno de nosotros tiene sus propias grietas.

Todos somos vasijas agrietadas, pero debemos saber que siempre existe la posibilidad de aprovechar las grietas para obtener buenos resultados.

Anónimo

La risa es la distancia más corta entre dos.

George Bernard Shaw

Pareciera como si nunca hubiera tiempo para hacer las cosas que tenemos que hacer... ¡Aprovecha tu vida hoy!

Roger Patrón Luján

SONRÍE

Sonríe hasta que notes que tu constante seriedad y severidad se han desvanecido.

Sonríe hasta entibiar tu propio corazón con ese rayo de sol.

Irradia tu sonrisa, esa sonrisa tiene muchos trabajos que hacer, ponla al servicio de Dios.

Sonríe a los tristes.
Sonríe a los tímidos.
Sonríe a los amigos.
Sonríe a los jóvenes.
Sonríe a los ancianos.
Sonríe a tu familia.
Sonríe en tus penas.
Sonríe en tus pruebas.
Sonríe en tus soledades.

Deja que todos se alegren con la simpatía y belleza de tu cara sonriente.

Anónimo

Un hombre alegre es siempre amable.

Máximo Gorky

Un horizonte de esperanza

Los libros, como las estaciones, muestran nuestro estado de ánimo y nuestro espíritu.

En algunas ocasiones presentan versos florecientes y coloridos como la primavera.

De cuando en cuando encontramos frases deslumbrantes y cristalinas como el sol y la lluvia de verano.

Otras veces descubrimos una narración abierta y desprendida que, cual hojas de matices tornasolados que caen en otoño, nos dejan cierta nostalgia y sabor del ayer.

Y, para reconfortarnos en el frío del invierno, nada como esas obras rodeadas de un halo de sabiduría y, sobre todo...

¡con mucho agradecimiento a la vida!

Roger Patrón Luján

Vida es tener siempre que hacer algo. La vida no se me ha dado, resulta que tengo que hacérmela yo.

José Ortega y Gasset

EL DÍA MÁS HERMOSO ¡ES HOY!

No existe un día más hermoso que el día de hoy.

La suma de muchísimos ayeres forma mi pasado.
Mi pasado se compone de recuerdos alegres... tristes...

Algunos están fotografiados y ahora son cartulinas donde me
veo pequeño, donde mis padres siguen siendo recién casados,
donde mi ciudad parece otra.

El día de ayer pudo haber sido un hermoso día... pero no puedo
avanzar mirando constantemente hacia atrás, corro el riesgo de
no ver los rostros que marchan a mi lado.

Puede ser que el día de mañana amanezca aún más hermoso...
pero no puedo avanzar mirando sólo el horizonte, corro el riesgo
de no ver el paisaje que se abre a mi alrededor.

Por eso, yo prefiero el día de hoy. Me gusta enfrentarlo con
fuerza, gozar su sol o estremecerme con su frío, sentir cómo
cada instante, dice:

¡Presente!

Sé que es muy breve, que pronto pasará, que no voy a poder
modificarlo luego, ni pasarlo en limpio. Como tampoco puedo
planificar demasiado el día de mañana: es un lugar que todavía
no existe.

Ayer fui. Mañana, seré. Hoy soy.

Por eso:
    Hoy, te digo que te quiero.
    Hoy, te escucho.
    Hoy, te pido disculpas por mis errores.
    Hoy, te ayudo.
    Hoy, comparto lo que tengo.

Hoy, me separo de ti sin guardarme ninguna palabra para mañana. Porque hoy respiro, veo, pienso, oigo, sufro, huelo, lloro, trabajo, toco, río, amo... Hoy...

Hoy estoy vivo... como tú.

Anónimo

Hay al lado de mi casa un hotel, una clínica de maternidad, una guardería, un restaurante, una escuela de vuelo, un conservatorio de música y un museo de historia natural.

Lo que quiero decir es que al lado de mi casa hay un árbol. Es un huizache centenario de recio tronco y elevada fronda. Yo lo salvé hace tiempo del hacha municipal: por mis oficios siguió con vida el árbol.

Y él me paga cada año ofreciéndome el gran concierto de la vida en la forma de un gárrulo simposio de aves que anidan en sus ramas, y ponen ahí sus huevecillos, crían a sus polluelos, los enseñan a volar y cantan a la mañana y a la tarde.

Yo miro y oigo a esa alada muchedumbre y vislumbro el misterio de la vida: consiste en amarla aun sabiendo que alguna vez la vamos a perder; consiste en aceptar que habrá canciones cuando nosotros estemos ya en silencio.

Armando Fuentes Aguirre

BASTA UN CORAZÓN QUE ESCUCHE

Hace unos días leí una pequeña historia que hablaba de la importancia de estar junto a una persona que sufre algún dolor, sólo con el corazón.

Un médico psicólogo atendía una consulta en un hospital. Sus pacientes eran adolescentes.

Cierto día le llevaron a un joven de 14 años que desde hacía un año no pronunciaba palabra y estaba internado en un orfanato.

Cuando era muy pequeño, su padre murió; vivió con su madre y abuelo hasta hacía un año.

A los 13 muere su abuelo y, tres meses después, su madre, en un accidente. Sólo llegaba al consultorio y se sentaba mirando las paredes, sin hablar.

Estaba pálido y nervioso.

Este médico no podía hacerlo hablar. Comprendió que el dolor del muchacho era tan grande que le impedía expresarse, y que por más que él le dijera algo, tampoco serviría de mucho.

Optó por sentarse y observarlo en silencio, acompañando su dolor. Después de la segunda consulta, cuando el muchacho se retiraba, el doctor le puso una mano en el hombro: "Ven la semana próxima si gustas, ¿duele, verdad?"

El muchacho lo miró, no se había sobresaltado ni nada; sólo lo miró y se fue.

Cuando volvió a la semana siguiente, el doctor lo esperaba con un juego de ajedrez; así pasaron varios meses sin hablar, pero él notaba que David ya no parecía nervioso y su palidez había desaparecido.

Un día, mientras el doctor miraba la cabeza del muchacho, que estudiaba agachado el tablero, pensó en lo poco que sabemos del misterio del proceso de curación.

De pronto, David alzó la vista y lo miró: Le toca —le dijo—.

Ese día empezó a hablar, hizo amigos en la escuela, ingresó a un equipo de ciclismo y comenzó una nueva vida, su vida. Posiblemente el médico le dio algo, pero también aprendió mucho de él. Aprendió que el tiempo hace posible lo que parece dolorosamente insuperable; a estar presente cuando alguien lo necesita, a comunicarse sin palabras.

Basta un abrazo, un hombro para llorar, una caricia...

¡un corazón que escuche!

René Trossero

Si quieres ser feliz, comparte con los demás todos tus logros;
si quieres ser feliz, reparte sonrisas por doquier;
si quieres ser feliz, consuela a todo el que lo necesita;
si quieres ser feliz, ofrece una esperanza al desvalido;
si quieres ser feliz, sólo sonríe, porque ha llegado un nuevo día.

Roger Patrón Luján

El arte de ser felices

El arte de la vida consiste pues en ir luchando día con día para conseguir una reconciliación entre lo que ya somos y lo que pretendemos ser.

"Nadie ve el bien que tiene hasta... que quiere".

La felicidad no se compra, se conquista. No hay fórmulas para conseguirla. Alcanzarla es un arte y no una ciencia.

Y los verdaderos artistas, los que han dominado y manejado con habilidad el pincel hasta lograr una excelente obra de arte, lo han hecho con buena voluntad.

La felicidad y el hombre feliz no se encuentran nada más por casualidad...

El hombre que es feliz, lo es porque se ha dedicado con tesón a ejercitarlo.

Patricia Sánchez Urzúa

La felicidad se hace, no se encuentra, brota de tu interior y sólo necesitas sacarla a la superficie, disfrutando a plenitud lo que tienes.

Felipe Carrillo M.

UN ABRAZO

La dicha de un abrazo no tiene igual, porque en él entregamos nuestro afecto, el amor o el cariño, ¡no el que sobra!

Sólo basta con levantar los brazos y apretar con fuerza, con esa fuerza que da el cariño, la comprensión y el afecto.

Nada hay más reconfortante en los momentos de dolor que un abrazo, porque en él depositamos todo nuestro desconsuelo y amargura, con un solo contacto sentimos estímulo y tranquilidad.

En la dicha, nos fortalece y nos ubica.

El de un amigo, nos da la seguridad de contar con alguien.

Nos hace llevadera la existencia y, en muchas ocasiones, la llena de felicidad.

Son tan mínimos los esfuerzos que tenemos que hacer, que sería avaro el no darlo a todos los que conocemos, para llevarnos la satisfacción de recibir su afecto.

El día sólo tiene esbozos de abrazos y afectos.

Vamos haciéndolos realidad.

¡La dicha de un abrazo no tiene igual!

Santos Vergara Badillo

No vale la pena llegar a la meta si uno no goza del viaje.

Roger Martínez González

La marioneta*

Si por un instante Dios se olvidara de que soy una marioneta de trapo, y me regalara un trozo de vida, posiblemente no diría todo lo que pienso; pero, en definitiva, pensaría todo lo que digo.

Daría valor a las cosas, no por lo que valen, sino por lo que significan.

Dormiría poco y soñaría más, entiendo que por cada minuto que cerramos los ojos, perdemos sesenta segundos de luz.

Andaría cuando los demás se detienen, despertaría cuando los demás duermen, escucharía mientras los demás hablan, y cómo disfrutaría de un buen helado de chocolate...

Si Dios me obsequiara un trozo de vida, vestiría sencillo, me tiraría de bruces al sol, dejando al descubierto no solamente mi cuerpo, sino mi alma.

Dios mío, si yo tuviera un corazón...

Escribiría mi odio sobre el hielo y esperaría a que saliera el sol.

Pintaría con un sueño de Van Gogh sobre las estrellas un poema de Benedetti, y una canción de Serrat sería la serenata que le ofrecería a la luna.

Regaría con mis lágrimas las rosas, para sentir el dolor de sus espinas y el encarnado beso de sus pétalos...

Dios mío, si yo tuviera un trozo de vida... No dejaría pasar un solo día sin decirle a la gente que quiero, que la quiero.

Convencería a cada mujer de que ella es mi favorita y viviría enamorado del amor. A los hombres les probaría cuán equivocados están al pensar que dejan de enamorarse cuando envejecen, sin saber que envejecen cuando dejan de enamorarse.

A un niño le daría alas, pero dejaría que él solo aprendiese a volar. A los viejos, a mis viejos, les enseñaría que la muerte no llega con la vejez sino con el olvido. Tantas cosas he aprendido de ustedes los hombres...

He aprendido que todo el mundo quiere vivir en la cima de la montaña, sin saber que la verdadera felicidad está en la forma de subir la escarpada.

He aprendido que cuando un recién nacido aprieta con su pequeño puño por vez primera el dedo de su padre, lo tiene atrapado para siempre.

He aprendido que un hombre únicamente tiene derecho de mirar a otro hombre hacia abajo, cuando ha de ayudarlo a levantarse.

Son tantas las cosas que he podido aprender de ustedes, pero finalmente de mucho no habrán de servirme porque cuando me guarden dentro de esta maleta, infelizmente me estaré muriendo...

Johnny Welch

Que todo el que se acerque a ti sea, al irse, una persona mejor y más dichosa.

Madre Teresa de Calcuta

*Publicado en el libro *Lo que me ha enseñado la vida*, cortesía de Editorial Selector.

EL SECRETO DE LA FELICIDAD

Hace muchísimos años vivía en la India un sabio de quien se decía que guardaba en un cofre encantado un gran secreto que lo hacía ser un triunfador en todos los aspectos de su vida y que por eso se consideraba el hombre más feliz del mundo.

Muchos reyes, envidiosos, le ofrecían poder y dinero y hasta intentaron robarlo para obtener el cofre, pero todo era en vano.

Mientras más lo intentaban, más infelices eran, pues la envidia no los dejaba vivir.

Así pasaban los años y el sabio era cada día más feliz. Un día llegó ante él un niño y le dijo:

"Señor, al igual que tú, también quiero ser inmensamente feliz. ¿Por qué no me enseñas qué debo hacer para conseguir la felicidad?"

El sabio, al ver la sencillez y la pureza del niño, le dijo:

"A ti te enseñaré el secreto para ser feliz. Ven conmigo y presta mucha atención."

En realidad, son dos cofres en donde guardo el secreto para ser feliz y éstos son: mi mente y mi corazón, y el gran secreto no es otro más que una serie de pasos que debes seguir a lo largo de la vida.

El primer paso es saber que existe la presencia de Dios en todas las cosas de la vida y, por lo tanto, debes amarlo y darle gracias por todo lo que tienes.

El segundo paso es que debes quererte a ti mismo y, todos los días, al levantarte y al acostarte, debes afirmar: yo soy importante, yo valgo, yo soy capaz, soy inteligente, soy cariñoso, espero mucho de mí, no hay obstáculo que no pueda vencer. Este paso se llama autoestima.

El tercer paso es que debes poner en práctica todo lo que dices que eres, es decir, si piensas que eres inteligente, actúa inteligentemente: si piensas que eres capaz, haz lo que te propones; si piensas que no hay obstáculos que no puedas vencer, entonces propónte metas en tu vida y lucha por ellas para lograrlas. Este paso se llama motivación.

El cuarto paso es que no debes envidiar a nadie por lo que tiene o por lo que es; ellos alcanzaron su meta, logra tú las tuyas.

El quinto paso es que no debes albergar en tu corazón rencor hacia nadie; ese sentimiento no te dejará ser feliz, deja que las leyes de Dios hagan justicia y tú perdona y olvida.

El sexto paso es que no debes tomar las cosas que no te pertenecen; recuerda que de acuerdo con las leyes de la naturaleza, mañana te quitarán algo de más valor.

El séptimo paso es que no debes maltratar a nadie; todos los seres del mundo tenemos derecho a que se nos respete y se nos quiera.

Y, por último, levántate siempre con una sonrisa en los labios, observa a tu alrededor y descubre en todas las cosas el lado bueno y bonito; piensa en lo afortunado que eres al tener todo lo que tienes, ayuda a los demás sin pensar que vas a recibir nada a cambio; mira a las personas y descubre en ellas sus cualidades y dales también a ellos el secreto para ser triunfadores y que, de esta manera, puedan ser felices.

Anónimo

La mitad de la alegría reside en hablar de ella.

Proverbio persa

AGENDA DE LA FELICIDAD

La sonrisa es la tarjeta de visita de las personas saludables.....
Distribúyela gentilmente.

El diálogo es el puente que une dos márgenes: tú y yo....
Transítalo bastante.

La bondad es la flor más atrayente del jardín de un corazón bien
cultivado. Planta flores.

La alegría es el perfume gratificante, fruto del deber cumplido.
Derrámala, el mundo necesita de ella.

La paz de conciencia es la mejor almohada para el sueño de la
tranquilidad. Vive en paz contigo mismo, con tus semejantes y
con Dios.

La fe en Dios es la brújula para los navíos errantes, perdidos, que
buscan las playas de la eternidad. Utilízala.

La esperanza es el buen viento que dirige las velas de nuestro
barco. Llámala para tu cotidiano vivir.

Anónimo

El entusiasmo no es más que otra manifestación del amor.

Domenico Cieri

¿Cómo obtenerla?

La felicidad no es una profesión que puedas alcanzar a base de estudio; no hay diplomas ni honores para quien la encuentra.

La felicidad no son restos de dinosaurio que tengas que descubrir entre la tierra; será más fácil hurgar en tu corazón.

La felicidad no es un don que te viene de sembrar resentimientos, envidias, dudas; la cosechas a base de sembrar amor, paz, confianza y aliento día con día; como si regaras una planta.

La felicidad no la compras, no la vendes ni la rentas; llega a ti sin factura ni recibo por cobrar.

Lo mismo pasa con el amor de quien te quiere.

Podrá haber mucho estudio, mucha ciencia, mucha siembra e incluso, podrá haber mucho dinero, pero...

La felicidad, al igual que el amor, te llega sin reservas, aunque tú no la busques, aunque tú no la quieras.

¡Sólo tienes que compartirla y esparcirla!

Sylvia H. Gallegos

La felicidad es algo que depende no de la posición, sino de la disposición.

John G. Pollard

LA AMISTAD

La amistad, como los grandes conciertos, existe sin notas discordantes.

Roger Patrón Luján

LOS AMIGOS

Los amigos se reflejan en los ojos. Los reconocemos en las cosas que miramos y en esos momentos en que nos atrevemos a romper la intimidad.

Ya se sabe que siempre están ahí cuando los buscas y nunca faltan cuando los necesitas. Se encelan si no pueden compartir contigo los ratos difíciles.

Dan lo que te sirve y te gusta y reciben siempre de tus manos justo lo que puedes y sabes dar; no esperan más, porque te conocen y tú no quieres dar más porque sería entregar lo que no tienes.

El abrazo y el beso se dan desde el fondo cuando ha pasado tiempo sin verse. A veces da un temor desconocido por un posible cambio o por una pequeña diferencia que nos lastime, o que lastime a aquellos que apreciamos.

Pero el simple tono de voz o la silueta de su imagen, o el movimiento de su andar nos confirman que son los mismos que hemos conocido siempre y el tal temor queda derrumbado.

Es un tesoro disfrutarlos cada día y es un tesoro creerlos perdidos y volverlos a encontrar; son como las olas del mar, van y vienen, vienen y van.

La amistad nos amalgama y nos hace crecer en el otro.

Ahí vamos formando parte y en correspondencia nosotros también crecemos con nuevas ramas en nuestro árbol, sólo por el único deseo de participar en este festival de la vida.

Sergio García López

AMISTAD

La amistad no requiere frases rebuscadas, rostro maquillado ni ardides seductores; la amistad no regala adulaciones, la amistad nunca sonríe en vano.

La amistad es natural en su decir, elude afectaciones y artificios, separa lo real de lo ficticio; del corazón es el idioma que ella habla.

La amistad no repara en privilegios y menosprecia la estrechez de miras; su misión es fruto del amor, en la palabra como en sus actos.

La amistad alienta al tambaleante, infunde bravura al timorato, impide el descarrío, alumbra lo sombrío, allana el pasaje hacia la tumba.

La amistad, pura y abnegada, a lo largo del camino de esta vida, nutre, fortalece, ensancha, alarga la relación del hombre con el hombre.

Atribuido a Pablo Neruda

Un amigo es alguien que te ayuda a salir de un "yo" para formar un "nosotros".

Patricia Capetillo Traeger

Nuevos amigos y viejos amigos

Haz nuevos amigos, mas conserva los viejos.
Aquellos son plata, éstos son oro.

Las amistades recientes, como el vino nuevo, maduran y se
asientan con el tiempo.

Las amistades que han resistido la prueba —tiempo y cambio—
son sin duda las mejores; las frentes se arrugan, el pelo se agrisa,
la amistad nunca se marchita. Pues entre viejos amigos,
probados y ciertos, renovamos nuestra juventud.

Pero los viejos amigos, ¡ay!, pueden morir, y amigos nuevos
deben reemplazarlos. Atesora la amistad en tu pecho.
Lo nuevo es bueno, pero lo viejo es mejor.

Haz nuevos amigos, mas conserva los viejos.
Aquellos son plata, éstos son oro.

Lo que es auténtico perdura, esto es tan cierto de la amistad
como de otras formas de amor.

Anónimo

Quien sólo se mira a sí mismo, no puede tener amigos.

Santos Vergara Badillo

AMISTAD SIN RESERVAS

Amigo vencido por la soledad, donde quiera que te halles, ¡engrandécete!, como la alegría, como el dolor... ante el desconocido que llega a ofrecerte su amistad y el corazón directa, espontáneamente.

¡No regatees el tesoro que ocultas al tesoro que te ofrecen!

Sé noble, sé confiado, cree siempre en el calor de tu propia alma

¡y no se la niegues nunca al sediento que te lo pida!

Panait Estrati

Existe un milagro llamado "amistad", que vive en el corazón y no sabes cómo sucede ni cuándo comienza.

Pero la felicidad que te brinda te da un impulso especial para vivir, y es cuando te das cuenta de que la amistad es el don más preciado que nos ha dado Dios.

Anónimo

El éxito se mide en la cantidad de amigos que tienes.

Agustín Martínez Ramos

La amistad

En la amistad, la distancia entre lo ideal y lo real debe ser corta; no podemos proclamar una cosa y hacer otra.

Los pactos han de ser respetados, la confianza recompensada, la amistad ha de ser leal, sincera, límpida.

El amigo debe de querer el bien del amigo no con palabras sino concretamente, debe acompañarlo en los momentos de necesidad. En la amistad no se puede engañar ni hacer el mal, hay que saber cuáles son las virtudes del otro y valorarlas.

El amigo ha de ser abierto, lleno de vida, divertido, no debe aburrir, abrumar ni tampoco ser demasiado generoso, exagerando con los regalos, pues así suscita la necesidad de correspondencia y reconocimiento, que resulta muy pesada.

La amistad debe ser fresca, ligera, incluso cuando es merecida.

La amistad dice siempre hasta enfrente de la muerte.

Francisco Alberoni

El amor y la amistad son las grandes columnas de la vida. Quien tiene amor y ha encontrado un amigo, tiene justificado su paso por el mundo.

Anónimo

LAS PIEDRAS GRANDES EN TU VIDA

Un experto asesor de empresas en Gestión del Tiempo quiso sorprender a los asistentes a su conferencia. Sacó del escritorio un frasco grande de boca ancha. Lo colocó sobre la mesa, junto a una bandeja con piedras del tamaño de un puño y preguntó: "¿Cuántas piedras piensan que caben en el frasco?" Después de que los asistentes hicieran sus conjeturas, empezó a meter piedras hasta que llenó el frasco.

Luego pregunto: "¿Está lleno?" Todo el mundo lo miró y asintió. Entonces sacó de la mesa un cubo con gravilla.
Metió parte de la gravilla en el frasco y lo agitó. Las piedrecillas penetraron por los espacios que dejaban las piedras grandes. El experto sonrió con ironía y repitió: "¿Está lleno?" Esta vez los oyentes dudaron: Tal vez no.

"¡Bien!" Y puso en la mesa un cubo con arena que comenzó a volcar en el frasco. La arena se filtraba en los pequeños recovecos que dejaban las piedras y la grava. "¿Está lleno?", preguntó de nuevo. "¡No!", exclamaron los asistentes.

Bien, dijo, y cogió una jarra de agua de un litro que comenzó a verter en el frasco, el cual aún no rebosaba.

"Bueno, ¿qué hemos demostrado?", preguntó. Un alumno respondió: Que no importa lo llena que esté tu agenda, si lo intentas, siempre puedes hacer que quepan más cosas.

¡No!, concluyó el experto: lo que esta lección nos enseña es que si no colocas las piedras grandes primero, nunca podrás colocarlas después. ¿Cuáles son las grandes piedras en tu vida? Tus hijos, tus amigos, tus sueños, tu salud, la persona amada. Recuerda, ponlas primero.

¡El resto encontrará su lugar!

Anónimo

78

AMIGO

Amigo, llévate lo que tú quieras, penetra tu mirada en los rincones y, si así lo deseas, yo te doy mi alma entera, con sus blancas avenidas y sus canciones.

Amigo, con la tarde haz que se vaya este inútil y viejo deseo de vencer. Bebe en mi cántaro si tienes sed.

Amigo, con la tarde haz que se vaya este deseo mío de que todo el rosal me pertenezca. Amigo, si tienes hambre come de mi pan.

Todo, mi amigo, lo he hecho para ti. Todo esto que sin mirar verás en mi estancia desnuda: todo esto que se eleva por los muros derechos —como mi corazón— siempre buscando altura.

Te sonríes, amigo. ¡Que importa! Nadie sabe entregar en las manos lo que se lleva adentro, pero yo te doy mi alma, ánfora de mieles suaves, y todo te lo doy...

Menos aquel recuerdo... que en mi heredad vacía aquel amor perdido es una rosa blanca que se abre en el silencio.

Atribuido a Pablo Neruda

Amistad es un conjunto de cualidades y defectos cuyo balance nos es satisfactorio.

Rafael Illescas Frisbie

Padres e hijos

Parafraseando a Andrew Carnegie, el mejor epitafio de un padre es: "Aquí yace un hombre que supo hacer mejores hijos que él".

Roger Patrón Luján

Si tienes una madre todavía

Si tienes una madre todavía
da gracias al Señor que te ama tanto,
que no todo mortal cantar podría
dicha tan grande ni placer tan santo.

Si tienes una madre... sé tan bueno
que has de cuidar su amor, su faz preciosa;
pues la que un día te llevó en su seno
siguió sufriendo y se creyó dichosa.

Veló de noche y trabajó de día,
leves las horas de su afán pasaban,
un cantar de sus labios te dormía
y, al despertar, sus labios te besaban.

Enfermo y triste, te salvó su anhelo,
que sólo el llanto de "su bien querido"
milagoso supo arrebatar al cielo
cuando el mundo te creyó perdido.

Ella puso en tu boca la dulzura
de la oración primera balbucida,
y plegando sus labios con ternura,
te enseñaba la ciencia de la vida.

Si acaso sigues por la senda aquella
que va segura a tu feliz destino,
herencia santa de la madre es ella,
tu madre sola, te enseñó el camino.

Anónimo

¿CÓMO TE PUEDO EXPLICAR?

Mi hijo me preguntó... "Papá, ¿como es Dios?" y yo le contesté:
"alguna vez le hice a Dios la misma pregunta".

Señor, qué difícil y qué fácil es entenderte, pero
¿cómo explicarle a mi hijo que existes? y
¿cómo explicarle que eres el "todo"?

¿Cómo poder encontrarte, verte y sentirte?
¡Qué difícil y qué fácil es!

Hijo, tú descubrirás cómo cambia tu entendimiento sobre Él;
al principio lo verás en una imagen en la cruz,
pero al pasar de los años entenderás que se refleja en el niño,
en el joven, en el adulto, en el anciano, en tu enemigo,
en el enfermo, en el indigente, en el mendigo.

Hijo, parece antagónico porque está en la alegría,
en la riqueza, en el sufrimiento, en la salud,
en la enfermedad, en la pobreza, en tu mente
y en todo el universo.

Pensar que lo puedes ver en las estrellas...
¿cómo te puedo explicar?
que está en cada célula de tu cuerpo,
en tus pensamientos,
en la mirada de un niño,
en el hálito de cualquier flor
y en el lugar más recóndito de la tierra...

¿Cómo te puedo explicar?...
que está en el aire, en la vida,
en la muerte, en los reinos
mineral, vegetal y animal,
pero también en el palpitar
del corazón del hombre.

¿Cómo te puedo explicar?...
que no lo puedes ver... pero sí admirar,
no lo puedes tocar... pero te estremece,
no lo puedes oír... pero sientes que te habla
y lo recuerdas en el aroma de las flores.
así como en el olor a tierra húmeda.

Lo puedes encontrar en un amanecer radiante y luminoso
o en el crepúsculo que apacigua las aguas plateadas
y mirarlo en la bóveda celeste que nos envuelve con su manto.

¿Cómo te puedo explicar?...
que está en el momento que acaricias a un bebé
das un beso a tu madre
o miras al ser que amas, y aún así...
¡qué ironía!, no lo puedes ver.

Ahora te pido que pienses siempre en Él,
que te arrodilles frente a la imagen del Señor,
que le pidas perdón, agradezcas
y después duermas tranquilo
porque también Él estará en tus sueños.

Germán Caballero Sandoval

*No entiendo cómo algunas personas pueden vivir sin comunicarse con la
gente más sabia que ha vivido en la Tierra.*

León Tolstoi

EL ÁRBOL DE LOS PROBLEMAS

El carpintero que había contratado para ayudarme a reparar una vieja granja acababa de finalizar un duro primer día de trabajo. Su cortadora eléctrica se dañó y lo hizo perder una hora de trabajo y ahora su antiguo camión se niega a arrancar.

Mientras lo llevaba a casa, se sentó en silencio; una vez que llegamos, me invitó a conocer a su familia. Mientras nos dirigíamos a la puerta, se detuvo brevemente frente a un pequeño árbol, tocando las puntas de las ramas con ambas manos.

Cuando se abrió la puerta, ocurrió una transformación sorprendente. Su bronceada cara estaba plena de sonrisas. Abrazó a sus dos pequeños hijos y le dio un beso a su esposa. Posteriormente me acompañó hasta el auto.

Cuando pasamos cerca del árbol, sentí curiosidad y le pregunté acerca de lo que le había visto hacer un rato antes.

—Oh, ése es mi árbol de problemas —contestó.

Sé que no puedo evitar tener problemas en el trabajo, pero una cosa es segura: los problemas no pertenecen a la casa, ni a mi esposa, ni a mis hijos. Así que, simplemente los cuelgo en el árbol cada noche cuando llego a casa.

Luego en la mañana los recojo otra vez.

Lo divertido es —dijo sonriendo— que cuando salgo en la mañana a recogerlos, no hay tantos como los que recuerdo haber colgado la noche anterior.

Anónimo

SI MI PADRE ESTUVIERA CONMIGO

Si acaso estuviera mi padre a mi lado,
podría agradecerle su preocupación por mí,
sus tiernas caricias que, no escasas, sinceras sentí.

Si acaso tuviera a mi padre conmigo
le daría las gracias por estar aquí,
le agradecería mis grandes tristezas,
sus sabios regaños, sus muchos consejos
y los grandes valores que sembró en mí.

Si acaso estuviera mi padre a mi lado
podríamos charlar como antaño fue
de cuando me hablaba de aquello del árbol
que debe ser fuerte y saber resistir
prodigar sus frutos, ofrecer su sombra,
cubrir sus heridas, forzar sus firmezas.
y siempre seguir.

Si acaso tuviera a mi padre a mi lado
le daría las gracias por haberme engendrado.

Amado Nervo

Cuando dos elefantes se pelean, quien realmente sufre es la hierba.
Lo mismo pasa en la familia.

Blanca Dayane

PAPÁ, HOY QUIERO HABLARTE

Qué tal, hoy quiero hablarte como tal vez nunca antes te había hablado. Hay tantos sentimientos dentro de mí que debes conocer, porque el objetivo de sentir algo por alguien es que ese alguien lo sepa.

Creo que estamos a muy buen tiempo de platicar, nunca es tarde para decirle a una persona lo mucho que se le quiere, que se le admira y que se le aprecia. Quiero hablarte de algunas cosas, de las cuales tal vez ya hemos platicado y de otras no.

Voy a empezar hablando del pasado. Vienen a mi mente muchos recuerdos, muchas risas, algunos llantos, en fin, un sinnúmero de momentos que hemos pasado juntos, desde que nací hasta la fecha; momentos que sin duda me dejaron algo, momentos que me formaron, que me hacen el hombre que soy. De ahí aprendí muchas de las cosas que ahora sé. Recuerdo nuestras pláticas acerca de los vicios, de los amigos, de las mujeres por supuesto, del sexo; tantos valores que tal vez no me dijiste, pero me los enseñaste.

También vienen a mi mente muchos pleitos; por la escuela, por la casa, por mis modales; pleitos que me enseñaron muchas cosas, y sin los cuales tampoco sería la persona que ahora soy.

Hoy es tiempo de agradecerte todos esos momentos, todos esos pleitos, los buenos y los malos.

Hoy es tiempo de recordar que siempre hemos hecho un gran equipo, que nuestra unión y nuestro amor nos han hecho superar las peores etapas de nuestra vida, y por lo tanto no es de sorprenderme que ahora, después de tantos obstáculos, después de tantas caídas, sigamos tan unidos como siempre.

Ahora, quiero hablarte del presente.

Ya crecí, y en mi corta vida te he tenido a mi lado todo el tiempo, soy un hombre con una ideología propia, tengo mi propia personalidad, mis propios amigos, mis propias creencias, mis propias cualidades y capacidades, todas ellas independientes de ti.

¿No es increíble?, ¿no es para sentirse orgulloso?

¡Gracias papá!

Gracias por darme todos los días tus consejos y tu guía para que yo pueda estar preparado para enfrentar al mundo el día que tú faltes. Gracias por haberme dado las armas para tener una opinión que siempre cuente, gracias por haberme dado los valores para poder tomar mis propias decisiones, para poder distinguir lo bueno de lo malo. Gracias por enseñarme a aprender de mis errores, para poder aprender cada día algo nuevo y superarme.

Hoy soy un hombre independiente, gracias a ti y a mi mamá, y no me cabe la menor duda de que esto es producto del amor, del amor que siempre me han tenido y que me han sabido expresar.

Hoy también quiero pedirte una disculpa, porque sé que ha habido veces en las que he dicho o he hecho cosas que te han lastimado. Me quiero disculpar, y quiero que siempre tengas muy presente que nunca lo he hecho a propósito; sería una estupidez lastimar a propósito a alguien que quiero tanto. Pero sé que esto no significa que no lo haya hecho, tampoco significa que no lo volveré a hacer, pero siempre ten la certeza de que nunca lo haré con la intención de lastimarte, es sólo que soy ser humano y a veces cometo tonterías.

Te pido que el día que sientas que te lastimo me lo hagas saber, y te anticipo una respuesta: "Lo siento, no fue a propósito", y estoy seguro de que lo hablaremos y nos daremos la mano, como siempre lo hemos hecho.

De la misma manera, quiero que sepas que no te culpo por las veces que me has lastimado, porque sé que sería imposible que ése fuera tu propósito. Soy consciente de que todo lo que haces, es lo que crees que es mejor para mí y eso te lo agradezco con toda mi alma.

Eres mi mejor amigo, papá, y sé que siempre seremos amigos.

Hoy quiero hablar del futuro.

Sé que envejecerás, he visto como los hijos a veces apartan a sus padres cuando se convierten en una molestia; sé que se oye duro, pero he visto que pasa.

He visto también que es imposible devolverle a los padres la misma atención que nos tuvieron, debido a que nuestra familia se convierte en nuestra primera prioridad y no se tiene el mismo tiempo que ustedes nos dedicaron para correspondérselos.

Sin embargo, papá, algo sí te puedo prometer, te prometo siempre estar al pendiente de ti, te prometo ser un amigo por siempre, te prometo una vejez feliz, y te prometo que siempre sentirás mi cariño y mi admiración, y te prometo que trascenderás.

Hoy, papá, quiero hablarte de la muerte. Sé que vas a morir, sé que llegará el día en que no te tendré físicamente.

Todos morimos, eso es seguro, así que ahora en vida quiero decirte todo esto, porque es importante, siempre será importante darnos un tiempo de padre a hijo.

Quiero que sepas que tu vida tuvo un sentido clave en mi vida, y que cuando mueras no sólo vivirás en el recuerdo de todos los que te conocimos, en nuestro corazón y nuestra mente.

Tú vivirás principalmente en mi personalidad, en la de mi hermano, vivirás en todas las cosas que aprendí de ti. Cuando me vea la gente sabrá que soy tu hijo, no se lo tendré que decir.

Te traigo adentro y afuera, tengo tus consejos, tu sabiduría, tu forma de ver el mundo, tu sentido del humor, todo lo que aprendí de ti y ahora es mío.

Ahora vives en todas las personas en las que has trascendido, y vivirás en la educación de mis hijos, y de los hijos de mis hijos, por siempre. Tal vez a esto se refería Jesús cuando dijo que el amor era el camino a la vida eterna.

Papá ya eres inmortal.

Hoy es tiempo de resumir toda nuestra vida juntos, hoy es tiempo de hablarte con el corazón. Te amo, papá; gracias por ser, gracias por darme la vida, porque eso es lo que siempre has hecho, darme una vida.

¡Gracias, te amaré siempre!

Juan Pablo Valdés Rascón

Educar a un hijo es la más sublime obra de arte que puede realizar un padre.

Prepárate, esfuérzate, sacrifica lo que sea necesario, escribe con letras de oro en las páginas de su alma y tu premio será ser recordado como educador, como amigo y sobre todo como lo que supiste ser:

¡el padre de tu hijo!

Anónimo

Viejo enemigo mío

Muchos de nosotros hemos padecido el indecible sufrimiento de ver a alguno de nuestros hijos en malas condiciones físicas y mentales, producto de la ingerencia de bebidas alcohólicas, lo que produce por regla general conductas agresivas y lacerantes para quienes viven con ellos y los aman.

A mí me pasó en alguna ocasión y, con motivo de esta terrible experiencia, unas horas después de un penoso incidente me senté a escribir una carta a mi hijo, que quisiera compartir con ustedes.

Debo aclararles que el afecto y el cariño surtieron efecto y desde entonces no hay nada que reprochar.

Hijo:

Quisiera contarte que hace unas horas se presentó en tu casa un desconocido, acompañado de un viejo enemigo mío y de todos, quienes produjeron un horrible cuadro de agresividad.

Fui atacado por el desconocido aconsejado por mi temible enemigo. Me recordó muchas cosas malas, que como humano que soy he cometido, siempre con la presencia de ese fantasma que odio y cuya participación en mi vida ha sido constante y perversa.

El desconocido se parecía físicamente a ti pero obviamente es diferente de tu persona. Sufrí mucho, pero ello me permite suplicarte que si aparece cercano a tu vida lo desprecies y te alejes de él, pues no debes permitir que haga contigo lo que quiere hacer conmigo.

Él es un productor de desgracia y mal vivir, de injusticia y desdoro. Lo vas a tener cerca porque es sutil y engañoso.

Pero descúbrelo y abomínalo.

No quiero que me juzgues sin madurez y conocimiento, pero necesito tu presencia buena, noble y feliz, en la recta final de mi vida, que he pretendido dedicar a los seres que amo.

Perdóname si mal he hecho, a tu benevolencia me acojo.

No quiero volver a encontrarme con ese desconocido hostil y menos que tengas la desgracia de hallarlo en tu alentador y bello futuro.

¡Tu padre devoto!

Elmer Llanes Briceño

Mi mamá me dice que salí de su vientre.
¡Yo soy adoptado y mi mamá dice que nací de su corazón!

Anónimo

Es más fácil formar a un niño que corregir a un hombre.

Anónimo

LA GRAN FIESTA

Un lunes, al salir del colegio, una de las muchachas más bonitas de toda la escuela se acercó a mí y con voz tenue y sensual me dijo: "Oye, ¿no quieres ir a mi fiesta el viernes?". Yo, un tanto nervioso y sin voz para responder, apenas pude decir: "Sí"...

Emocionadísimo me dirigí hacia la parada del camión que me llevaría a casa, sin dejar de pensar ni un minuto en lo que responderían mis padres al pedirles permiso para ir a la Gran Fiesta. Llegué a mi casa con una amplia sonrisa en el rostro.

Al verme tan feliz, mis padres me preguntaron a qué se debía tal gusto e inmediatamente les respondí:

—Hoy me han invitado a la fiesta de una de las chicas más guapas del colegio.

—¿El viernes? —preguntó mi madre.—

—Sí, el viernes —respondí—. ¿Por qué?, ¿hay algún inconveniente?

Ella, con voz de enfado, me dijo:

—¿Que si hay algún inconveniente? ¡Por supuesto que lo hay!, el viernes es mi cumpleaños.

—¡Oooooohhhhhh! es cierto, lo había olvidado.

Ya después, sin la gran sonrisa con la que había llegado a casa hacía unos cuantos instantes, me dirigí hacia mi habitación en donde, acostado sobre mi cama, no hice más que pensar y pensar sobre la situación, preguntándome: ¿Qué haré?, ¿qué haré?

Al otro día, aún sin tener ninguna solución, llegué al colegio y, sin yo esperarlo, la hermosa chica de la fiesta me preguntó: "¿Irás a mi fiesta, verdad?", y yo de nuevo sin más palabras le contesté que sí.

De nuevo al llegar a mi casa me puse a pensar y pensar sobre qué hacer para resolver el problema.

En cierto momento se me ocurrió un plan muy sencillo, que consistía en estar un rato en la fiesta de mi madre y después irme a la otra fiesta. Pero a medida que lo maduraba, este plan quedó totalmente descartado, cuando me enteré de que la fiesta de mi madre sería a la misma hora que la fiesta de mi amiga.

Seguí pensando en el tema durante los siguientes dos días, hasta que finalmente llegué a la conclusión de que los dos planes más aceptables eran quedarme en la fiesta de mi madre y perderme la otra reunión o escaparme de la de mi madre para ir a la otra.

Ya era jueves y en la escuela todo el mundo hablaba de la Gran Fiesta, mientras yo aún seguía pensando: ¿Qué haré?

Esa noche, sin poder dormir, llegué a la solución: le compraría un hermoso regalo a mamá, dejaría en su buró el regalo y una nota explicando lo que haría, y después me iría a la otra fiesta, regresando cuando ya todos estuviesen dormidos, pensando que tal vez, al ver el hermoso regalo antes de verme llegar, el castigo y el regaño serían menos severos.

Por fin llego el viernes. Me encontraba bastante nervioso y aún dudaba de la decisión. No dejaba de pensar en la Gran Fiesta, ni en la reacción de mis padres al enterarse de mi escape. Llegué a mi casa más tarde de lo normal, dado que el camión se retrasó más de la cuenta. Mis padres ya se había levantado del comedor y, como de costumbre, se encontraban en su habitación viendo el noticiero. Me dirigí a su cuarto para darle un gran abrazo de cumpleaños a mamá.

No sé por qué razón la abracé como nunca había abrazado a nadie. Sentí una emoción bastante extraña.

Esa tarde comí en mi cuarto y pensé que para ejecutar mi plan sería buena idea dejar la nota en la charola con los platos, para que en el momento en que mi madre entrara a recogerla, pudiera verla y leerla.

Entonces empaqué todas mi cosas en una mochila y puse en acción mi plan: escribí la nota y una vez terminada la coloqué sobre la charola, procurando que estuviera en un lugar visible. Después salí de mi cuarto, me dirigí a la habitación de mis padres y les dije: "Voy a casa de Carlos, ahorita regreso."
Por supuesto no me dirigí a casa de Carlos, sino a casa de Pepe, quien ya estaba al tanto de mi plan. Ahí nos preparamos para la fiesta; los dos estábamos sumamente emocionados y nerviosos, no dejábamos de preguntarnos el uno al otro qué tal nos veíamos.

En la fiesta encontré a todos mis amigos, que me veían extrañados y preguntaban qué hacía yo ahí, puesto que ellos sabían que ese día era el cumpleaños de mi mamá. Después de darles una breve explicación, nos pusimos a bailar con nuestras compañeras de salón.

Pasadas varias horas, la fiesta se puso cada vez más animada y como a las dos de la madrugada algunos de los chavos de prepa empezaron a repartir droga. Casi todos empezaron a inhalarla. Yo, aún no animado a hacerlo, pensé ¿qué puede pasar?
Y reforzando este pensamiento llegó la cumpleañera a pedirme que la inhalara como ella, quien ya lo había hecho varias veces.

Sin pensar en lo que hacía, aspiré con fuerza ese polvo blanco aún desconocido para mí; en pocos minutos me empecé a sentir bastante bien, alegre, eufórico, alocado, alivianado, excitado, prendido y otras sensaciones indescifrables para mí, dado que era la primera vez que las sentía.

Después de un buen rato, los que habíamos seguido drogándonos nos encontrábamos tirados en el piso delirando, sintiendo y alucinando cosas que nunca imaginamos decir, sentir y ver. No supe cómo pasó el tiempo, ni qué pasó después.

Ahora me encuentro en un gran cuarto blanco. Varios doctores tratan de salvar mi vida. Afuera de ese cuarto blanco lleno de médicos y enfermeras, veo a mis padres afligidos quienes, ya demasiado tarde, me encontraron en el piso de aquella casa abandonada donde se celebró la fiesta...

¡La Gran Fiesta!

En ese momento pensé ¡¡No me puedo morir!! Si hoy es el cumpleaños número cuarenta de mi madre y...

¡¡No me puedo morir!!

Demasiado tarde. Eso lo debí de haber pensado antes de aspirar esa pequeña línea de polvo blanco que ocasionaría que perdiera el control y yo mismo me provocara la muerte.

Así que éste es el gran regalo que le daré a mamá en su cumpleaños número cuarenta, así es.

¡Se nos va! ¡Se nos va! ¡No lo dejen! ¡No lo dejen!...

Lo siento, ha muerto.

Gabriel García Hernández *(14 años)*

El maestro de toda la vida es un padre, su ejemplo nos guiará por siempre.

Santos Vergara Badillo

¡POR FAVOR, PAPI Y MAMI!

Mis manos son pequeñas y por eso se me cae la leche,
aunque no quiera.

Mis piernas son cortas, por favor, espérame
y camina más despacio; así puedo andar contigo.

No me pegues en las manos cuando toco algo lindo
y de color brillante; es que quiero aprender.

Por favor, mírame cuando yo te hablo;
así sé que me estás escuchando.

Mis sentimientos todavía son tiernos, no me regañes todo el día;
deja que me equivoque sin hacerme sentir estúpido.

No esperes que la cama que haga o el dibujo que pinto sean
perfectos; ámame por el hecho de haber tratado de hacerlo
lo mejor posible.

Recuerda que soy un niño, no un adulto pequeño; a veces
no entiendo lo que me dices.

Te quiero tanto...

Por favor, ámame por lo que soy, no por las cosas que hago.
No me rechaces cuando estás molesta conmigo y vengo a
darte un beso; me siento solo, abandonado y con miedo.

Cuando me gritas, me asusto; por favor explícame lo que hice.

No te enfades cuando en las noches las sombras y la oscuridad
me dan miedo, cuando me despierto y te llamo; tu abrazo es lo
único que me devuelve la paz.

Cuando vamos a la tienda no sueltes mi mano; creo que voy a
perderme y que no me encontrarás jamás.

Me siento muy triste cuando papá y tú discuten; a veces pienso que es por culpa mía y se me encoge el estómago y no sé qué hacer.

Muchas veces veo que abrazas y acaricias más a mi hermano; ¿es que lo quieres más que a mí?, ¿quizás porque es más guapo e inteligente? Pero yo, ¿no soy tu hijo también?

Me regañaste duro cuando rompí mi juguete favorito y mucho más cuando me eché a llorar. Yo estaba acongojado y peor que tú; no lo hice a propósito y me quedé sin él.

Te molestaste porque me ensucié jugando; pero es que la sensación del barro en mis pies era tan rica y la tarde tan linda... Ojalá supiera lavar para limpiar mi ropita.

Hoy te sentiste mal y yo me preocupé mucho; traté de entretenerte con mis juegos y mis cuentos y me dieron un par de nalgadas y me sacaron de tu lado; me fui a un rincón a llorar.

¿Qué haría yo si tú te murieras?

Me meten miedo hablándome del infierno y no sé lo que es; pero pienso que debe ser algo así tan terrible como estar sin ti.

Aunque me dejaron con los tíos y la pasé bien, les eché mucho de menos toda la semana.

¡Ojalá no hubiera vacaciones para los papás!

¡Tengo mucha suerte! Entre todos los niños que hay en el mundo ustedes me escogieron a mí.

Los adultos tendemos a olvidarnos de nuestra infancia, de lo que sentíamos, qué nos hería, qué nos daba miedo.

¡Ojalá que escuchen este llamado, a veces expresado verbalmente y otras no, porque los niños lo piensan!

Anónimo

GRACIAS, MAMÁ

Gracias, mamá, por darme esta maravillosa vida...
¡que sí vale la pena **vivirla**!

Gracias, mamá, por darme raíces tan fuertes y alas tan
ligeras para realizar la misión que me ha tocado vivir.

Gracias, mamá, por enseñarme con tu ejemplo a ser
fuerte cuando el viento me está siendo contrario, y saber
elevar mis ojos al cielo con humildad para pedir ayuda.

Dios es el único que puede darme fortaleza, paz y
paciencia para aceptar mi realidad el día de hoy.

Gracias, mamá, por no compararme con nadie y
aceptarme tal como soy, sin pretender cambiarme.

Gracias, mamá, por enseñarme a amar a Dios sobre
todas las cosas y con ello me has dado el mejor regalo.

Por esto y mucho más....

¡Gracias, mamá!

Patricia Capetillo Traeger

HABLAR CON EL MUCHACHO

Así escribió en su agenda.

Se lo había pedido su esposa, preocupada. Los maestros se quejaban de su hijo: faltaba a clases, fracasaba una y otra vez en los exámenes, se mostraba irrespetuoso. Además, gastaba más dinero del que convenía a un chico de su edad. Y aquellas compañías...

Pero cosas del trabajo, la necesidad de triunfar en la vida, de no quedarse atrás. Se fue pasando el tiempo y nunca habló con él. Y de repente el tiempo se vino encima.

Cuando volvió a casa, con la espalda encorvada por el peso del sufrimiento y la vergüenza, entró en su cuarto y vio sus cosas.

Extrañas cosas todas, como extraño había sido su hijo siempre para él. Quizá pudo decir alguna vez que tenía un hijo, pero ciertamente su hijo no pudo decir jamás que tuvo un padre.

Y ahora en la cárcel, la acusación —probada— de andar en cosas de drogas y de automóviles robados y la fotografía en los periódicos y las conversaciones que cesaban bruscamente cuando llegaba él.

Sintió de pronto la ausencia de aquel hijo, que ahora llevaba como una herida en la mitad del pecho. Se puso a revolver papeles viejos en busca de una fotografía que le diera al menos la imagen de un día pasado en familia, felizmente. No encontró nada.

Sólo la hoja rota de una olvidada agenda, y en ella una inscripción borrosa por el paso de los años idos...

"Hablar con el muchacho".

Armando Fuentes Aguirre

EL HOMBRE Y LA MUJER

El valor de un hombre no se mide por la cantidad de riquezas acumuladas, sino por las enseñanzas que ha impartido.

La mujer no se valora por la cantidad de hijos concebidos, sino por toda la ternura y el amor repartido.

Roger Patrón Luján

TIENES EL DERECHO

Tienes el derecho de caer, pero la obligación de levantarte.

Cuando le pierdas el valor a tu vida, cuando sientas que tu fin ha llegado, detén tu caminar.

Echa a funcionar tu mente y sobre todo tu corazón, no le tengas miedo a la reflexión.

Siéntate tan sólo un momento y date cuenta de que el haber nacido es la mayor de las suertes, tienes en tus manos el mayor de tus tesoros, el más preciado...

¡Tuviste la oportunidad de nacer!

de conocer lo que es vivir, de amar y ser amado, y ahora, ¿una de las tantas piedras del camino te detiene? Creo que si estás aquí, tienes la capacidad de levantarte cuantas veces sea necesario, tienes la tenacidad que se requiere para volver a empezar como estrellas tiene el firmamento.

No le tengas miedo a la derrota, ante esto, tienes una cosa a tu favor...

¡Eres humano!

Por esta sencilla razón tienes el derecho de equivocarte, y la obligación de levantarte.

Así que no pierdas más tu tiempo porque todavía te quedan muchas piedras por esquivar.

María Luisa Álvarez Unda

NUNCA ES TARDE

Para ser lo bueno y lo grande que queremos,
para modificar errores y pedir perdón,
para modificar rumbos.

Para voltear hacia atrás y ver que
no sólo somos "yo" sino también
los "demás"; sobre todo, para no ser egoístas.

Para desterrar todo lo deshonesto y corrupto,
para recuperar el tiempo perdido;
para todo... incluso,
para superar la peor crisis.

¿Por qué no intentarlo?

¡Para eso somos hombres!

Gerardo Garza Cortez

Sé fiel a ti mismo... y te seguirán como la noche al día, pues jamás serás falso con hombre alguno.

William Shakespeare

EL CAPULLO Y LA MARIPOSA

Un hombre encontró un capullo y lo llevó a casa para observar cómo emergía la mariposa.

Un día algo pequeño apareció. El hombre se sentó y observó por algunas horas cómo la mariposa luchaba forzando su cuerpo a través de la pequeña abertura del capullo.

Parecía que no había ningún progreso. Era como si la mariposa no pudiera salir; estaba atascada. El hombre en su bondad decidió ayudarla. Tomó unas tijeras y cortó lo que faltaba para que saliera el pequeño cuerpo.

Y así fue, la mariposa salió fácilmente. Pero su cuerpo era pequeño y retorcido, y sus alas estaban arrugadas.

El hombre continuó observándola en espera de que en cualquier momento la mariposa estirara las alas. Pero nada pasaba. De hecho la mariposa pasó el resto de su vida arrastrándose en su retorcido cuerpo, sin poder volar.

Lo que el hombre no entendió, a pesar de que lo hizo movido por su corazón y urgencia, es que el pequeño capullo y la lucha requerida para salir del pequeño agujero eran la manera en que Dios inyectaba fluidos desde su cuerpo hacia las alas, para fortalecerla, alistarla a volar y tomar la libertad.

Libertad y vuelo sólo vendrían después de la lucha; privando a la mariposa de la lucha, el hombre la privó de su salud y libertad.

Algunas veces, luchas y aflicciones son exactamente lo que necesitamos para fortalecernos en la vida.

Anónimo

EL VALOR DE UN HOMBRE

Dentro de cien años...

no importará qué tan abultada fue mi cuenta de banco,
el tipo de casa en la que viví
o el modelo de automóvil que manejé.

Pero el mundo quizá sea diferente
porque fui importante
en la vida de un niño.

Anónimo

La vida placentera depende de una serie de pequeños placeres.
Disfruta con una sonrisa las cosas insignificantes que iluminan tu día...
con una sonrisa en los labios... en los ojos... y en el corazón.

José Alberto Villamil

El que tiene confianza en sí mismo no necesita que los demás crean en él.

Miguel de Unamuno

PARA RECORDAR SIEMPRE

Tu presencia es un regalo para el mundo;
eres una persona única en un millón.
Tu vida puede ser como tú quieres que sea,
vive cada día con intensidad.

Cuenta tus alegrías, no tus desdichas;
lucharás contra la adversidad que se te presente.
Dentro de ti hay infinitas respuestas,
comprende, ten coraje, sé fuerte.

No te impongas límites,
¡hay tantos sueños que esperan ser realizados!

Las decisiones son tan importantes para librarlas al azar;
lucha por tu ideal, tu sueño, tu premio.

No hay nada tan desgastante como las preocupaciones;
mientras más carguemos con un problema, más pesado se hace.
No te tomes las cosas con tanta seriedad;
vive una vida de serenidad, no de lamentos.

Recuerda que un poco de amor recorre largos caminos;
no olvides que mucho... es para siempre.
Recuerda que la amistad es una sabia inversión;
los tesoros de la vida son personas... unidas.

¡Nunca es tarde!

Transforma lo cotidiano en extraordinario.
Ten salud, esperanza y felicidad.
Pídele un deseo a una estrella.

Y jamás olvides,
ni siquiera por un día...
¡cuán especial eres!

Collin McCarthy

La oración de los esposos

Señor:

Haz de nuestro hogar un sitio de amor:

    que no haya injuria, porque Tú nos comprendes;
    que no haya amargura, porque Tú nos bendices;
    que no haya egoísmo, porque Tú nos alientas;
    que no haya rencor, porque Tú nos perdonas;
    que no haya soledad, porque Tú estás con nosotros;
    que cada mañana amanezca con un día más de entrega;
    que cada noche nos encuentre con más amor de esposos.

Haz, Señor, de nuestros hijos lo que Tú anhelas:

    ayúdanos a educarlos por tu camino;
    que nos esforcemos en el consuelo mutuo;
    que hagamos del amor un motivo más para amarte más.

Y cuando amanezca el gran día de ir a tu encuentro,
nos concedas hallarnos unidos para siempre en Ti.

                       Anónimo

En discusiones con alguien querido, ocúpate sólo de la situación actual, no saques a relucir el pasado.

                       Dalai Lama

El mejor último lugar

Surgió de la fría oscuridad: era John Stephen Akhwart, de Tanzania, quien entraba por el extremo más alejado del estadio, cojeando a cada paso por el dolor, con la pierna ensangrentada y vendada.

Una hora antes habían declarado al ganador del maratón olímpico México 68.

Sólo quedaban unos cuantos espectadores, pero el corredor solitario continuó haciendo un gran esfuerzo.

Cuando cruzó la meta, la gente lo vitoreó entusiasmada. Después, un reportero le preguntó por qué no se había retirado de la carrera cuando vio que no tenía la menor oportunidad de ganar.

Confundido por la pregunta, respondió después de un momento:

Mi país no me envió a México a empezar la carrera...

¡me envió a terminarla!

Anónimo

El comportamiento es un espejo en el que cada uno muestra su imagen.

Johann Wolfgang von Goethe

EL MOMENTO OPORTUNO

Cuando goces de la paz intrascendente,
cuando el tiempo transcurra sin apuro,
cuando la brisa sople suavemente
y te sientas fuera de ese duro andar
en que rodamos cada día.

Cuando la blanca vela de tu pequeña nave
se deslice bajo aquel azul tan suave
en que el ave deslizarse ansía.

Cuando hagas la cosa más sencilla,
lejana de toda ajena maravilla.

Cuando goces la paz de una lectura,
o la voz de un pequeño,
y no envidies de nadie la ventura.

Goza sin prisa ese momento,
pues la paz de la mente
es com la paz del alma;
tan egoísta, cruel e inconstante,
que el primer inesperado viento
derriba la puerta de tu calma
y rompe la quietud sin miramiento.

Gregorio Z. Cabeza

Dondequiera que tú estés, te he sentido conmigo. ¡Gracias por tu compañía!

Enrique Araujo Núñez

LA MUJER

La mujer fue creada de una costilla del hombre,
para que lo acompañara toda la vida,
de una costilla de su costado,
no de la cabeza para ser superior
ni de los pies para ser inferior,
sino del costado para ser igual.

Sí, de una costilla de su costado,
bajo su brazo para ser protegida,
bajo su corazón para ser amada.

Anónimo

Cuanto más te gustes y te respetes, mejor será tu actuación en todo lo que hagas.

Brito Crabtree

Somos lo que hacemos, no lo que decimos y menos lo que creemos que somos.

William Shakespeare

LA RIQUEZA

La mayor riqueza del ser humano está en su familia.
Cada uno de sus hijos es un tesoro, no material, sino eterno.

Roger Patrón Luján

LOS POBRES

Una vez el padre de una familia muy rica llevó a su hijo a pasear por el campo con el firme propósito de que su hijo viera cuán pobres eran esos campesinos.

Pasaron un día y una noche en la destartalada casita de una familia muy humilde.

Al concluir el viaje, y de regreso a casa en su flamante automóvil, el padre la preguntó a su hijo:

—¿Qué te ha parecido el viaje?

— *¡Muy bonito, papi!*

—¿Viste qué tan pobre puede ser la gente? —insistió el papá.

—Sí, respondió el niño.

—Y... ¿qué aprendiste, hijo? —inquirió el padre nuevamente.

—Vi —dijo el pequeño— que nosotros tenemos un perro en casa, ellos tienen cuatro. Nosotros tenemos una piscina que llega hasta la mitad del jardín, ellos tienen un arroyo que no tiene fin. Nosotros tenemos unas lámparas importadas en el patio, ellos tienen las estrellas. El patio de nosotros llega hasta la pared junto a la calle, ellos tienen todo un horizonte de patio.

Al terminar el relato, el padre se quedo mudo... y su hijo agregó:

—Gracias, papi, por enseñarme lo pobres que somos.

La riqueza está en uno mismo y en las creaciones que Dios nos ha regalado. No es rico aquel que tiene muchas cosas materiales; rico es aquel que disfruta lo que Dios nos ha dado y el gran amor que sembró en nosotros.

Anónimo

La vida

Un hombre de negocios extranjero estaba en el muelle de un pequeño pueblo de la costa cuando un barquito con un pescador se acercó. Dentro del barquito había varios atunes.

El hombre felicitó al pescador por la calidad de sus pescados y le preguntó cuánto le tomó pescarlos. El pescador contestó que sólo le había tomado un rato.

Entonces le preguntó por qué no se quedaba más tiempo para pescar más. El pescador dijo que con eso era suficiente para las necesidades inmediatas de su familia.

El hombre le preguntó qué hacía con el resto de su tiempo.

—Duermo hasta tarde, pesco por un rato, juego con mi hijos, tomo una siesta con mi esposa, paseo por el pueblo cada tarde donde tomo un poco de vino y toco la guitarra con mis amigos. Tengo un vida completa y ocupada.

El hombre de negocios comentó: Tengo una maestría en Harvard y podría ayudarlo. Debería pasar más tiempo pescando y, con las utilidades, comprar un barco más grande. Con las utilidades del barco más grande podría comprar varios barcos, con el tiempo tendría una flotilla de barcos pesqueros.

En vez de vender su pesca a intermediarios la vendería directamente al procesador, abriría su propia empacadora. Controlaría el producto, el proceso y la distribución. Necesitaría dejar este pequeño pueblo costero e irse a la gran ciudad, donde usted manejaría su enorme empresa.

—Pero, ¿cuánto tomaría todo esto? —le cuestionó el pescador.

—De 15 a 20 años.

—¿Y entonces?— le volvió a cuestionar.

El hombre rió y dijo:

—Ésa es la mejor parte. Cuando el tiempo sea adecuado, anunciaría su empresa y vendería acciones al público y llegaría a hacerse muy rico. Haría millones.

El pescador le respondió:

—¿Millones? ¿Y entonces qué?

—Entonces se jubilaría. Se iría a un pueblito pescador en la costa donde dormiría hasta tarde, pescaría un poco, jugaría con los niños, tomaría una siesta con su esposa, pasearía en el pueblo por las tardes donde podría beber un poco de vino y tocar la guitarra con sus amigos.

Anónimo

Me lamentaba de no tener mejores zapatos hasta que vi a un hombre que no tenía pies.

Proverbio chino

La riqueza consiste mucho más en el disfrute que en la posesión.

Aristóteles

Si piensas

Si piensas más en ti
que en los demás...
te aíslas.

Si piensas más en los demás
que en ti mismo...
te enajenas.

Si piensas lo mismo en ti
que en los demás...
te integras.

                                    Stefano Tanasescu Morelli

Si pierde su fortuna, pierde algo; si pierde su honor, pierde mucho y si pierde su valor, pierde todo.

                                    Johann Wolfgang von Goethe

Debe uno tener dinero suficiente para no vivir problemas, pero no tanto como para crearlos.

                                    Elmer Llanes Briceño

El DON DE LA PALABRA

Con palabras aprendidas de labios de mi madre,
mi corazón se cubrió de ternuras y de mimos.

Con las palabras aprendidas en la escuela,
llene mi pensamiento de cultura.

Con palabras de amor formé una familia,
y llené de dicha mi alma.

Entre amigos tejimos fuertes lazos de palabras,
y cambiamos el mundo a nuestro ideal.

Al final del camino, sigo escuchando la palabra,
y levanto mi voz, para gritar amor y susurrar ternura.

¡Por eso sigo disfrutando la estancia en esta vida!

Santos Vergara Badillo

Para ser rico, no necesitas atesorar riquezas y, para ser pobre, no necesitas perderlo todo.

No es más grande el que más tiene, sino el que valora lo poco que tiene.

Jorge Domingo *Flamingo* Espinosa Valencia

UN REGALO

Un carro era lo que hubiera deseado obsequiarle a su madre, en alguna fecha significativa, pero jamás imaginó regalarle la esperanza de vida con la donación de un riñón.

"Pero, pensándolo bien, con el riñón mamá también anda", comentó en broma Gerardo Hernández Beltrán.

A los 20 años de edad, su madre, Thelma, comenzó a padecer problemas de riñón similares a una infección y fue en 1988 cuando su enfermedad se diagnosticó como una insuficiencia renal crónica. Un tratamiento a base de una alimentación especial y medicamentos no fue suficiente para detener el avance del padecimiento. Por ello, se presentó la necesidad de un trasplante para que ella continuara viviendo.

En los exámenes de sangre y de pruebas cruzadas para verificar el nivel del rechazo, confirmaron que su hijo era la persona idónea para la donación.

A pesar de los resultados, de la insistencia de su hijo de ser su donador y de las condiciones que enfrentaba, ella no aceptaba que se le hiciera el transplante.

Para ella, la mejor alternativa era un órgano proveniente de un donador ya fallecido, pues no quería exponer a su hijo.
Sin embargo, por falta de una cultura de donación de órganos, la larga espera resultaba demasiado riesgosa.

"Mientras tanto hablé con un sacerdote y le expliqué mi situación. Me dijo que era un egoísmo de mi parte rechazar algo que mi hijo deseaba darme con tanto amor."

¡Mi hijo exponía su vida por mí!

En ese tiempo, su hijo sufrió una lesión en una pierna, por lo cual requirió de un trasplante de ligamentos cruzados y meniscos.

Su rehabilitación llevaría nueve meses, pero él la cumplió en tres, con el fin de poder efectuar la donación.

Estaba informado de que, como donador, se vería sometido a una cirugía delicada y dolorosa para extraer el riñón sin dañarlo. Por ello, se empeñó en acelerar la rehabilitación de su pierna, para estar en buenas condiciones físicas llegado el momento de la intervención.

El trasplante se efectuó el 2 de diciembre de 1992, un día especial para la familia, pues desde entonces celebran un cumpleaños más. "Vivir con un riñón solamente no es ningún problema, uno se siente igual, perfectamente", dijo el muchacho, "lo único diferente es la felicidad y un sentimiento indescriptible de ver bien a quien lo recibió".

"Ahora no sé si decir que es mi riñón, tu riñón o nuestro riñón", dijo la madre, a lo que su hijo respondió que todas esas formas son aceptables. "Jamás pensé que la alegría de tenerlo en mis brazos cuando nació se convertiría en una esperanza de vida".

"Es inexplicable; no hay palabras, es muchísima la felicidad de haber sido el donador", comentó el muchacho.

Esta experiencia le ha dejado a la familia la enseñanza sobre la necesidad de romper con el tabú que le impide a las personas ser donadores vivos.

"Si la madre da la vida a un hijo, ¿por qué no devolverle, como hijo, esa vida que con tanta felicidad ella dio? Para mí es un regalo dar vida, para que mi madre vea cómo crecemos cada uno de sus hijos y llegamos a adultos."

Carmen Romo

EL ÁRBOL NAVIDEÑO CONSEJERO

Ríe
Perdona
Relájate
Pide ayuda
Haz un favor
Delega tareas
Expresa lo tuyo
Rompe un hábito
Haz una caminata
Sal a correr
Pinta un cuadro. Sonríe a tu hijo
Permítete brillar. Mira fotos viejas
Lee un buen libro. Canta en la ducha
Escucha a un amigo. Acepta un cumplido
Ayuda a un anciano. Cumple con tus promesas
Termina un proyecto deseado
Sé niño otra vez. Escucha la naturaleza
Muestra tu felicidad. Escribe en tu diario
Trátate como un amigo. Permítete equivocarte
Haz un álbum familiar. Date un baño prolongado
Por hoy no te preocupes. Deja que alguien te ayude
Mira una flor con atención. Pierde un poco de tiempo
Apaga el televisor y habla. Escucha tu música preferida
Aprende algo que siempre deseaste
Llama a tus amigos por teléfono. Haz un pequeño cambio en tu vida
Haz una lista de las cosas que haces bien. Ve a la biblioteca y escucha el silencio
Cierra los ojos e imagina las olas de la playa. Haz sentir bienvenido a alguien
Dile a las personas amadas cuánto las quieres
Dale un nombre a una estrella
Sabes que no estás solo
Piensa en lo que tienes
Hazte un regalo
Planifica un viaje
Respira profundo
Cultiva el amor

Anónimo

CON TEMOR AL PREMIO

El error más grande del mundo lo cometes cuando, por temor a equivocarte, te equivocas dejando de arriesgar en el viaje hacia tus objetivos.

No se equivoca el río cuando, al encontrar una montaña en su camino, retrocede para seguir avanzando hacia el mar; se equivoca el agua que, por temor a equivocarse, se estanca y se pudre en la laguna.

No se equivoca la semilla cuando muere en el surco para hacerse planta; se equivoca la que por no morir bajo la tierra, renuncia a la vida.

No se equivoca el hombre que ensaya distintos caminos para alcanzar sus metas; se equivoca aquel que, por temor a equivocarse, no acciona.

No se equivoca el pájaro que ensayando el primer vuelo cae al suelo; se equivoca aquel que por temor a caerse renuncia a volar permaneciendo en el nido.

Pienso que se equivocan aquellos que no aceptan que ser hombre es buscarse a sí mismo cada día, sin encontrarse nunca plenamente.

Creo que al final del camino no te premiarán por lo que encuentres, sino por aquello que hayas buscado honestamente.

Anónimo

En un mundo lleno de sorpresas, hay que saber encontrar la belleza de la vida en una flor... pues mañana puede ser muy tarde para percibir su olor.

Blanca Dayane

LO QUE EL CÁNCER NO PUEDE HACER

El cáncer es tan limitado que...

No puede aniquilar el amor.

No puede quebrantar la esperanza.

No puede corroer la fe.

No puede destruir la paz.

No puede matar la amistad.

No puede suprimir las memorias.

No puede silenciar el valor.

No puede invadir el alma.

No puede robar la vida eterna.

No puede conquistar el espíritu.

¡El cáncer es tan limitado!

The University of Texas M.D. Anderson Cancer Center

Se es rico cuando se es feliz.

Roger Patrón Luján

Un regalo muy especial

Hace ya tiempo, un hombre castigó a su pequeña de cuatro años por desperdiciar un rollo de papel de envoltura dorado.

El dinero era escaso en esos días por lo que explotó en furia cuando vio a la niña tratando de envolver una caja para ponerla debajo del árbol de Navidad. Sin embargo la niña le llevó el regalo a su padre a la mañana siguiente y le dijo:

—Esto es para ti, papito.

Él se sintió avergonzado de su reacción de furia, pero nuevamente volvió a explotar cuando vio que la caja estaba vacía. Una vez más gritó:

—¿Qué no sabes que cuando das un regalo a alguien se supone que debe tener algo adentro?

La pequeñita volteó hacia arriba con lágrimas en los ojos y dijo:

—Oh, papito, no está vacía. Yo soplé muchos besos adentro de la caja, todos para ti, papi.

El padre se sintió morir, puso sus brazos alrededor de su niña y le suplicó que lo perdonara.

Se ha dicho que el hombre guardó esa caja dorada cerca de su cama por varios años y siempre que se sentía derrumbado tomaba de la caja un beso imaginario.

Cada uno de nosotros hemos recibido un recipiente dorado lleno de amor incondicional y besos de nuestros padres, hijos, amigos y familia.

Nadie podría tener una propiedad o posesión más hermosa que ésta.

Anónimo

LA EDUCACIÓN Y LA VIDA

Enseñar no es decir o mandar, es dar el ejemplo.

Roger Patrón Luján

Propósitos

Tratar de ser siempre sencillo.

Ser cordial y respetuoso con los que me rodean.

Ser mejor dentro del campo de las asignaturas escolares.

Ser honesto, prudente e inteligente.

Ser más objetivo y específico en mis aptitudes, tanto dentro del estudio como en lo personal.

Asistir a todas las clases y ordenar mis notas.

Despertarme más temprano y estudiar más.

Ocupar mi tiempo libre en cuestiones positivas (deporte, trabajo...).

Superarme día con día.

Descubrir mis errores y corregirlos.

Ser constante en mis metas y rodearme de gente positiva.

Amarme más como persona cada día.

Respetar las ideas de los demás y no discutir ironías.

Sacar triunfos de las derrotas.

Cuando esté abajo, levantarme con alas de triunfo.

Cultivarme como persona y dar lo mejor de mí.

Dejar de ser autoritario y pensar que somos seres ilimitados.

Todo lo que haga hacerlo con seguridad, dinamismo y amor.

Dejarme llevar por mis instintos de triunfo.

Recordar que lo más bello y preciado está dentro de nosotros y no en los bienes materiales.

Ordenar mis ideas.

Jorge Domingo *Flamingo* Espinosa Valencia *(16 años)*
Recopilación hecha por sus amigos, después de que desapareció
en el mar, surfeando, a los 23 años.

EDUCACIÓN

Para mi Dios...	mi fe.
Para mis padres...	mi veneración.
Para mi esposa...	mi amor.
Para mis hijos...	mi esperanza.
Para mis nietos...	mi ejemplo.
Para mis hermanos...	mi solidaridad.
Para mis mayores...	mi respeto.
Para mis amigos...	mi presencia.
Para quienes me ayudaron...	mi agradecimiento.
Para quienes ofendí...	mi disculpa.
Para mis enemigos...	mi perdón.
Para mi patria...	mi lealtad.

Enrique Araujo Núñez

Recuerda que el éxito es un viaje, no un destino.

Anónimo

ERRAR MUCHAS VECES

Andar por veredas trilladas sin ver un nuevo anhelo
envejece y se hace costumbre.

Vivir sin iniciar algo, sin leer una nueva página,
sin vivir un nuevo día, enmohece.

Procurar las puertas anchas, rumiar lo de aquí,
lo de allá y buscar la comodidad, no pule.

Echarse para atrás cuando se cae, temer
y no atreverse a continuar, de nada vale.

En la búsqueda de sí, en el anhelo de crear,
en el deseo de renovar, en la inquietud de cambiar,
quizá se acierte una vez y mucho se yerre.

No importa, hay que seguir.

Evitar las críticas de los que sólo saben destruir,
son enseñanzas, lecciones necesarias que aprender.

Descubrir la vida alcanzando una estrella,
regando un árbol o ayudando al hermano.

Cuando se ara el surco, se siembra semilla
que dará frutos si se cosecha en temporada.

Errar muchas veces, no importa, es mejor
que darse por vencido o detenerse a medio camino.

Irene Fohri

El juramento de la vida

Juro por Apolo Médico, por Esculapio, por Ligia y Panacea,
por todos los dioses y diosas a cuyo testimonio apelo cumplir,
según mis fuerzas y capaciad, la promesa y juramento siguientes:

Consideraré a mis maestros como si fueran mis padres;
compartiré con ellos el sustento y si es preciso atenderé a sus
necesidades. Tendré a sus hijos como hermanos y les enseñaré las
doctrinas e instrucciones de la disciplina a mis hijas y a las hijas
de mi maestro y a las discípulas ligadas a mí por un juramento
según la ley médica y a ninguna más fuera de éstos.

Prescribiré el régimen de los enfermos atendiendo a su beneficio
según mi capacidad y juicio y me abstendré de todo mal y de
toda injusticia.

A nadie daré veneno aunque me lo pida, ni aceptaré sugerencia
alguna en este sentido; tampoco daré abortivos a ninguna mujer.

Consideraré sagrados mi vida, mi arte. No practicaré la
operación de la talla dejándola a los que se ocupan de ella.

Cuando entre en la morada de un enfermo lo haré siempre en
beneficio suyo; me abstendré de toda acción injusta y de
corromper o seducir a mujeres y muchachos libres o esclavos.

De todo cuanto vea y oiga en el ejercicio de mi profesión y aun
fuera de ella, callaré; cuantas cosas sea necesario que no se
divulguen, considerando la discreción como un deber.

Si cumplo fielmente este juramento, que me sea otorgado gozar
felizmente de la vida y de mi arte, y ser honrado siempre entre
los hombres; si la violo y perjuro, que me ocurra lo contrario.

Hipócrates

PARA DARTE CUENTA

Para darte cuenta del valor de un año,
   pregúntale a un estudiante que ha fallado en un examen final.

Para darte cuenta del valor de un mes,
   pregúntale a una madre que ha dado a luz a un bebé prematuro.

Para darte cuenta del valor de una semana,
   pregúntale al editor de un diario semanal.

Para darte cuenta del valor de una hora,
   pregúntale a los novios que esperan para verse.

Para darte cuenta del valor de un minuto,
   pregúntale a quien ha perdido el tren, el autobús o el avión.

Para darte cuenta del valor de un segundo,
   pregúntale a la persona que ha sobrevivido un accidente.

Para darte cuenta del valor de un milisegundo,
   pregúntale a quien ha ganado una medalla de plata en
   las olimpiadas.

El tiempo no espera por nadie. Atesora cada momento que
tengas. Lo atesorarás más si puedes compartirlo con un amigo
especial, alguien como yo....

Anónimo

*Si compartes tu experiencia, esparces tus conocimientos; si repartes tu
alegría por la vida, tu espíritu perdurará por toda la eternidad.*

Roger Patrón Luján

PERFECCIÓN

Hoy todo ha logrado la perfección, pero ser una auténtica persona, es la mayor.

Más se precisa hoy para ser sabio que antiguamente para formar siete, y más se necesita para tratar con un solo hombre en estos tiempos, que con todo un pueblo en el pasado.

Baltazar Gracián

Por la ignorancia nos equivocamos, y por las equivocaciones aprendemos.

Proverbio romano

Empieza donde puedas, con lo que puedas; empieza donde estás, pero empieza; nunca esperes una situación perfecta para empezar.

Ernest F. Schumacher

¿Es la verdad?
¿Es equitativo para todos?
¿Creará buena voluntad y mejores amistades?
¿Será beneficioso para todos los interesados?

Código de Ética de los Rotarios

LAS TRES REJAS

El joven discípulo de un filósofo sabio llega a casa de éste y le dice:

—Oye, maestro, un amigo tuyo estuvo hablando de ti con malevolencia.

—¡Espera! —le interrumpe el filósofo— ¿ya hiciste pasar por las tres rejas lo que vas a contarme?

—¿Las tres rejas?

—Sí. La primera es la VERDAD. ¿Estás seguro de que lo que quieres decirme es absolutamente cierto?

—No, yo lo oí comentar a unos vecinos.

—Al menos lo habrás hecho pasar por la segunda reja, que es la BONDAD. Eso que deseas decirme, ¿es bueno para alguien?

—No, en realidad no. Al contrario...

—¡Ah, vaya! La última reja es la NECESIDAD. ¿Es necesario hacerme saber eso que tanto te inquieta?

—A decir verdad, no.

—Entonces —dijo el sabio sonriendo—, si no es verdadero, ni bueno, ni necesario, sepultémoslo en el olvido.

Anónimo

Si no puedes ser lo que debes, sé con seriedad lo que puedes.

Henrik Ibsen

El poder de la actitud

Lucas era el tipo de persona que te encantaría odiar. Siempre estaba de buen humor y tenía algo positivo que decir. Cuando alguien le preguntaba cómo le iba, el respondía:

Si pudiera estar mejor, tendría un gemelo.

Era un gerente de restaurante único, porque tenía varias meseras que lo habían seguido de restaurante en restaurante. Y lo seguían por su actitud.

Él era un motivador natural: si un empleado tenía un mal día, Lucas estaba ahí para decirle cómo ver el lado positivo de la situación. Ver este estilo realmente me causó curiosidad, así que un día fui a buscar a Lucas y le pregunté:

—No entiendo... no es posible ser una persona positiva todo el tiempo, ¿cómo lo haces?

Lucas respondió:

—Cada mañana me despierto y me digo: Lucas tienes dos opciones hoy, puedes escoger estar de buen humor o puedes escoger estar de mal humor. Escojo estar de buen humor. Cada vez que sucede algo malo, puedo escoger entre ser una víctima o aprender de ello. Escojo aprender de ello. Cada vez que alguien viene a mí para quejarse, puedo aceptar su queja o puedo señalarle el lado positivo de la vida. Escojo el lado positivo de l vida.

—Sí, claro, pero no es tan fácil —protesté.

—Sí lo es —dijo Lucas—. Todo en la vida es acerca de elecciones. Cuando quitas todo lo demás, cada situación es una elección. Tú eliges cómo reaccionar a cada situación: tú eliges cómo la gente afectará tu estado de ánimo, tú eliges estar de buen humor o de mal humor.

En resumen: *Tú eliges cómo vivir la vida.*

Reflexioné en lo que Lucas me dijo.

Poco tiempo después, deje la industria restaurantera para iniciar mi propio negocio. Perdimos contacto, pero con frecuencia pensaba en Lucas cuando tenía que hacer una elección en la vida en vez de reaccionar ante ella.

Varios años más tarde, me enteré de que Lucas hizo algo que nunca debe hacerse en un negocio de restaurante: dejó la puerta de atrás abierta una mañana y fue asaltado por tres ladrones armados. Mientras trataba de abrir la caja fuerte, su mano, temblando por el nerviosismo, resbaló de la combinación. Los asaltantes sintieron pánico y le dispararon.

Con mucha suerte, Lucas fue encontrado relativamente pronto y llevado de emergencia a una clínica. Después de 18 horas de cirugía y semanas de terapia intensiva, Lucas fue dado de alta, aún con fragmentos de bala en el cuerpo.

Me encontré con Lucas seis meses después del accidente y, cuando le pregunté cómo estaba, me respondió:

Si pudiera estar mejor, tendría un gemelo.

Le pregunté qué había pasado por su mente en el momento del asalto. Contestó:

—Lo primero que vino a mi mente fue que debí haber cerrado con llave la puerta de atrás. Cuando estaba tirado en el piso recordé que tenía dos opciones: podía elegir vivir o podía elegir morir. Elegí vivir.

—¿No sentiste miedo? —le pregunté.

—Los médicos fueron geniales. No dejaban de decirme que iba a estar bien. Pero cuando me llevaron al quirófano y vi las expresiones en su cara y realmente... podía leer en sus ojos: es hombre muerto, supe entonces que debía tomar una decisión.

—¿Qué hiciste? —pregunté.

—Bueno... uno de los médicos me preguntó si era alérgico a algo y respirando profundo grite: Sí, a las balas...

Mientras reían les dijo: "Estoy escogiendo vivir... opérenme como si estuviera vivo, no muerto".

Lucas vivió por la maestría de los médicos, pero sobre todo por su asombrosa actitud. Aprendí que cada día tenemos la elección de vivir plenamente, la ACTITUD, al final, lo es todo.

Y recuerda:

¡Sólo se frustran aquellos que dejan de ver la parte positiva de sus resultados!

Anónimo

Ninguna gran hazaña, privada o pública, se ha emprendido en medio de la dicha de la certidumbre.

Leon Wieseltier

VALE MÁS...

Vale más...

un silencio expresivo,
que mil palabras inconstantes.

Pero no obstante...

vale mucho más
una palabra reveladora...
que mil silencios encubridores.

Stefano Tanasescu Morelli

*La vida es corta. No olvides las cosas más importantes en nuestra vida:
vivir para otra gente y hacerle el bien.*

Marco Aurelio

La mejor experiencia: la vida; por esto deberíamos vivirla dos veces.

Anónimo

LOS PAQUETES

"Eres un irresponsable, ¡14 años encima y eres un niño!"

Se te olvidó, papá, enseñarme a llevar paquetes.
¿Cuándo se contó conmigo en casa para nada?
¿Cuándo tuve que recoger a mis hermanos del colegio?

Ayer mandaste a mi tío a pagar mi colegiatura. Y el mes pasado
fuiste tú mismo. Se te olvidó, papá, dejarme pagar mi colegiatura.

¿Cuándo tuve yo que lavar el coche los domingos? ¿Y arreglar el
jardín, y recoger la mesa, y lustrar a diario mis zapatos?

¿Por qué no me mandas a llevar los pedidos de medicinas a la
farmacia? ¿O recibir el gas y pagarlo esta mañana?

Quiero ir el sábado a la fábrica a empacar zapatos.
Quiero comprar mis tenis, y devolverlos si no le gustan negros a
mamá. Y comprar calcetines rojos con mi dinero que ya he
ganado. Mamá, quiero ir por la leche y el pan todos los días.

Y si no quiero, ¿por qué no me mandas? Se te olvidó mandarme,
mamá. Es más fácil pedírselo a otro adulto que haga bien las
cosas, y sin riesgo.

¿Por qué no te arriesgaste a dejarme llevar un paquete?

Se te olvidó, mamá, enseñarme a llevar paquetes.
Se te olvidó enseñarme a ser hombre.

Y a los 14 años se me caen de las manos; a mí también me da
vergüenza. Fíjate que en el colegio nombraron a Robert delegado
del grupo. Dicen que tiene responsabilidad. A tu hijo lo dejaron
sin paquete. Dicen que no tengo responsabilidad.

Se te olvidó, papá, enseñarme desde chico a cargar paquetes y
llevarlos, aunque lloviera o tuviera flojera.

Se te olvidó enseñarme a vivir.
Se te olvidó mandarme a fuerza, aunque no quisiera.

¡Se te olvidó contar conmigo!

No quisiste arriesgar, poco a poco.

No me diste confianza gradual ni me fuiste dejando paquetes a la medida de mis manos de 9, 11, 12 años y a la fuerza de mis brazos de esa edad, de mi voluntad creciente que se quedó raquítica.

Dicen que son paquetes la vida, la familia, el trabajo y la profesión. Y tantos paquetes tirados en la calle.

Anónimo

Comparte tu conocimiento; es una manera de conseguir la inmortalidad.

Dalai Lama

Cuando vendes un libro a un hombre, no le vendes tres kilos de papel, pegamento y tinta; le vendes una nueva vida.

Christopher Morley

APRENDAMOS

La vida es aprendizaje, es sueño y también un reto.

La vida fluye en mí y aprender quiero con mente abierta, dispuesta siempre, con ansia infinita de aprender eternidades, con anhelo de alcanzar sueños de grandeza, como lograr que millones de mexicanos, como yo, incorporemos nuestros grandes talentos y aprendamos a hacer un mundo más digno, más unido y más valioso.

Josefina Pérez Hillman

Criticar está al alcance de todos; admirar requiere talento.

Anónimo

No hay daño tan grande como el del tiempo perdido.

Miguel Ángel Buonarroti

No hay una buena vida sin el ejercicio de la virtud. A aquel que sabe dar, nunca habrá de faltarle.

Domenico Cieri

PERSEVERAR

Iba la lechera con su cántaro.

Al llegar al mercado, pensaba, vendería su leche; con el dinero
compraría unos pollos; cuando crecieran los pollos serían
gallinas; vendería sus huevos y se compraría una ternera; la
ternera se volvería la vaca y le daría terneros; con la venta de
los terneros se compraría una casa y ya dueña de la casa le
sería fácil encontrar marido.

En eso pensaba la lechera cuando tropezó y su cántaro
se hizo pedazos en el suelo.

¡Adiós leche, adiós pollos, gallinas, huevos, vaca, terneros,
casa, esposo!

Adiós todo.

Todo menos el sueño.

La lechera no renunció a su sueño.

Al día siguiente fue de nuevo al mercado con otro cántaro.
Ahora cuidó de no tropezar.

Vendió la leche. Con el dinero se compró los pollos. Y todo lo
demás le vino por añadidura.

La moraleja de este cuento es la siguiente:

Si no renuncias a tu sueño, todo lo demás te vendrá por añadidura.

Armando Fuentes Aguirre

EL PRESENTE

Imagina la vida como un juego en el que haces malabarismos con cinco bolas que arrojas al aire: el trabajo, la familia, la salud, los amigos y el espíritu.

Pronto te darás cuenta de que el trabajo es una bola de goma; si se cae, rebota. Pero las otras cuatro bolas: familia, salud, amigos y espíritu son de vidrio; si se deja caer una de ellas quedará irrevocablemente dañada, raspada, rajada o rota.

Nunca volverán a ser las mismas.

¡Compréndelo y busca el equilibrio en la vida!

¿Cómo? No disminuyas tu valor al compararte con otros; es porque somos diferentes que cada uno es especial.

No fijes tus metas por lo que otros consideran importante. Sólo tú sabes lo que es importante.

No consideres tuyas las cosas cerca a tu corazón. Aférrate a ellas como lo haces a tu vida, porque sin éstas, la vida no tiene sentido.

No dejes que tu vida se vaya por tus dedos al vivir en el pasado o para el futuro. Al vivir tu vida un día a la vez, vivirás todos los días de tu vida.

No te rindas cuando todavía tienes algo que dar. Nada se termina hasta el momento en que dejas de intentar.

No temas admitir que eres menos que perfecto. Es en este hilo frágil que nos unimos.

No temas encontrar riesgos. Es arriesgando que aprendemos a ser valientes.

No arrojes fuera de tu vida el amor diciendo que es imposible encontrarlo. La forma más fácil de encontrar amor es dando; la forma más fácil de perder amor es apretándolo demasiado, y la forma más fácil de mantenerlo es dándole alas.

No vayas por la vida tan rápido que olvides no sólo dónde has estado sino también hacia dónde vas.

No olvides que la necesidad emocional más grande de una persona es sentirse apreciado. No temas aprender.

El conocimiento no tiene peso, es un tesoro que siempre puedes llevar fácilmente.

No uses el tiempo o las palabras sin cuidado. Ninguno puede recuperarse.

La vida no es una carrera sino una caminata que debe saborearse en cada paso del camino.

Ayer es historia, mañana es un misterio y hoy es un regalo. Por eso le llamamos...

¡El presente!

Bryan Dyson

Jamás me rindo hasta que alcanzo lo que quiero.

Thomas Alva Edison

147

EL PAQUETE DE GALLETAS

En el andén de la vida, cuando aquella tarde llegó a la vieja estación le informaron que el tren se retrasaría aproximadamente una hora. La elegante señora, un poco fastidiada, compró una revista, un paquete de galletas y una botella de agua. Buscó un banco en el andén central y se sentó preparada para la espera.

Mientras hojeaba su revista, un joven se sentó a su lado y comenzó a leer un diario. De pronto, la señora observó cómo aquel muchacho, sin decir una sola palabra, estiraba la mano, tomaba el paquete de galletas, lo abría y comenzaba a comerlas, una a una, despreocupadamente.

La mujer se molestó. No quería ser grosera, pero tampoco dejar pasar aquella situación o hacer de cuenta que nada había sucedido. Así que, con un gesto exagerado, tomó el paquete y sacó una galleta, la exhibió frente al joven y se la comió mirándolo fijamente a los ojos.

Como respuesta, el joven tomó otra galleta y, mirándola, la puso en su boca y sonrió. La señora, ya enojada, tomó una nueva galleta y con ostensibles señales de fastidio, volvió a comer otra, manteniendo de nuevo la mirada en el muchacho. El diálogo de miradas y sonrisas continuó entre galleta y galleta; la señora cada vez más irritada y el muchacho cada vez más sonriente.

Finalmente, la señora se dio cuenta de que en el paquete sólo quedaba la última galleta. "No podrá ser tan descarado", pensó mientras miraba alternativamente al joven y al paquete de galletas. Con calma, el joven alargó la mano, tomó la última galleta y, con mucha suavidad, la partió exactamente por la mitad. Así, con un gesto, ofreció la mitad de la última galleta a su compañera de banco.

—¡Gracias! —dijo la mujer tomando con rudeza aquella mitad.

—De nada— contestó el joven sonriendo suavemente mientras comía su mitad.

Entonces el tren anunció su partida. La señora se levantó furiosa del banco y subió a su vagón. Al arrancar, desde la ventanilla de su asiento vio al muchacho todavía sentado en el anden y pensó: "¡Qué insolente, qué mal educado!"

Sin dejar de mirar con resentimiento al joven, sintió la boca reseca por el disgusto que aquella situación le había provocado.

Abrió su bolso para sacar la botella de agua y se quedó sorprendida: dentro de su cartera estaba el paquete de galletas intacto.

¿Cuántas veces nuestros prejuicios, nuestras decisiones apresuradas nos hacen valorar erróneamente a las personas y cometer las peores equivocaciones?

Anónimo

El sabio no se sienta a lamentarse por los errores cometidos, antes bien se dispone alegremente a la tarea de reparar el daño.

William Shakespeare

Enseñar es aprender dos veces.

Gustave Flaubert

EL TRABAJO

El trabajo es una joya sin pulir; sólo con esfuerzo y cuidados se descubre su tesoro.

Roger Patrón Luján

Para triunfar en la vida

Empieza por conocerte a ti mismo.

Procura llegar a viejo sin dejar de ser joven.

Cuando tengas, no hagas alarde de ello; cuando no tengas, evita inspirar compasión, lucha por obtenerlo por tu propio esfuerzo.

No seas metódico ni amante de las costumbres.

La única costumbre que debes adquirir es la de no tener ninguna.

Procura ser respetuoso con todos, sociable con pocos, amigo de algunos y enemigo de nadie.

Camina por la vida con la cabeza alta.

Nunca vistas con la ropa de la mentira, porque te expones a que te desnuden cuando menos te lo esperes.

Ten siempre presente que es más difícil resistir el triunfo que soportar la derrota.

Si consideras que alguien vale más que tú, no lo envidies, esfuérzate no sólo en igualarlo sino en superarlo.

No te burles de los ancianos. Los que así proceden es porque son tarugos diplomados, no comprenden que 18 años los tiene cualquiera: lo difícil es tener 70.

Andrés Soler

NO SE PUEDE

No se puede producir prosperidad desalentando el ahorro.

No se puede fortalecer al débil, debilitando al fuerte.

No se puede beneficiar al asalariado perjudicando al que paga los salarios.

No se puede promover la hermandad entre los pueblos promoviendo el odio entre clases.

No se puede ayudar al pobre desanimando al rico.

No se puede lograr una solidez sana con dinero prestado.

No se pueden evitar las dificultades gastando más dinero del que se gana.

No se pueden desarrollar el carácter y el valor de una persona si se le quitan su iniciativa y su independencia.

No se puede ayudar permanentemente a la gente haciéndole aquellas cosas que puede y debe hacer ella misma.

Abraham Lincoln

Lo importante del trabajo no es lo que te pagan por hacerlo, sino lo que el trabajo hace por ti.

Carlos Loperena Santacruz

ENAMORADOS DEL TRABAJO

Aman quienes

labran o tallan,
hilan o curten,
forjan o cosechan,
enseñan o escriben,
consuelan o curan,
oran o construyen,
venden o limpian,
actúan o entretienen,
descubren o crean.

Aman, quienes enamorados de su trabajo:

se deleitan en realizar su tarea,
se sobreponen a los fracasos,
se esfuerzan para alcanzar sus metas,
ofrecen a los demás lo que saben
y dan a la vida lo que son.

Irene Fohri

No es suficiente estar ocupado, eso hacen las hormigas. La pregunta es:
¿en qué se está ocupado?

Henry David Thoreau

REGLAS DE ORO PARA TRABAJAR CON FAMILIARES

Enseñar un oficio a los hijos es una obligación.

Pagar a los familiares sueldos justos.

No hacerlos trabajar en días festivos.

Dejar que los hijos estudien lo que quieran.

Dejar que los hijos se vayan a trabajar a otro lado.

Planear inversión para el retiro.

Aprender a delegar.

Reconocer quién es mejor fotografiando o administrando.

No hablar del negocio en las comidas familiares.

Artículo en *Enfoques*

Hija, estudia lo que disfrutas para que nunca tengas que trabajar.

Óscar Topete Fonseca

Lo importante no es lo que está hecho, sino lo que falta por hacer.

Anónimo

Tiempo de despertar

Unas piedras esparcidas a un lado del camino
estaban soñando que se sentían ruines y desgraciadas...
mas las recogió un constructor y levantó una obra colosal.

A otras, que soñaban que eran feas y despreciadas,
las labró un artista y realizó una escultura excepcional.

Y a otras más que se sentían chicas y devaluadas,
las pulió un artesano y le dio vida a una joya extraordinaria.

Así, unas angustiadas, que creían estar solas y abandonadas,
vieron con asombro que infinidad de ellas las sostenían...
mientras otras deprimidas, que creían ser inútiles e insignificantes,
vieron con admiración que ellas sostenían a muchas más.

Algunos hombres somos cual esas piedras durmientes, que aun
en pleno día creemos vivir noches fatales e interminables, hasta
que llega el tiempo del despertar a esa vida de servicio en la cual
descubrimos nuestros preciosos y legítimos valores.

Stefano Tanasescu Morelli

Se siente uno más "vivo" cuando trabaja.

Sylvia H. Gallegos

NUNCA

No culpes a nadie, nunca te quejes de nadie, porque
fundamentalmente tú has hecho tu vida.

Acepta la responsabilidad de edificarte a ti mismo y el valor de
acusarte en el fracaso para volver a empezar, corrigiéndote.
El triunfo del verdadero hombre surge de las cenizas del error.

Nunca te quejes del ambiente o de los que te rodean; hay
quienes en tu mismo ambiente supieron vencer.

Las circunstancias son buenas o malas según la voluntad o
fortaleza de tu corazón; aprende a convertir toda situación difícil
en un arma para luchar.

No te quejes de tu pobreza, de tu soledad o de tu suerte,
concéntrate con valor y acepta que de una u otra manera son el
resultado de tus actos y la prueba que has de ganar.

No te amargues con tu propio fracaso, ni se lo cargues a otro;
acéptate ahora o siempre seguirás justificándote como un niño.

Deja ya de engañarte, eres la causa de ti mismo, de tu necesidad,
de tu dolor, de tu fracaso. Si tú has sido el ignorante, el
responsable, tú unicamente tú, nadie pudo haber sido por ti.

No olvides que la causa de tu presente es tu pasado; como la
causa de tu futuro es tu presente.

Aprende de los fuertes, de los audaces; imita a los enérgicos, a
los vencedores, a quienes no aceptan situaciones, a quienes
vencieron a pesar de todo.

Piensa menos en tus problemas y más en tu trabajo; y tus
problemas, sin aliento, morirán.

Aprende a nacer desde el dolor y a ser más grande, que es el más grande de los obstáculos.

Mírate en el espejo de ti mismo. Comienza a ser sincero contigo reconociéndote por tu valor, por tu voluntad y no por tu debilidad, para justificarte.

Recuerda que dentro de ti hay una fuerza que todo puede hacerlo: reconociéndote más libre y fuerte dejarás de ser un títere de las circunstancias, porque tú mismo eres tu destino y nadie puede sustituirte en la construcción del mismo.

Levántate y mira por las mañanas y respira a la luz del amanecer. Tú eres parte de la fuerza de la vida; ahora despierta, camina, lucha.

Decídete y triunfarás en la vida.

Y nunca pienses en la suerte, porque la suerte es

¡el pretexto de los fracasados!

Anónimo

¿Para qué te preocupas? No te pre-ocupes, antes mejor, ¡ocúpate!; la vida te llevará siempre por el camino de la superación.

Roger Patrón Luján

LOS MEXICANOS

Soy feliz como mexicano porque conozco el pasado de México, disfruto su presente y estoy seguro de su éxito futuro.

Roger Patrón Luján

Riqueza verdadera

La paradoja de nuestro tiempo es que tenemos edificios más altos, pero temperamentos más cortos; autopistas más anchas, pero puntos de vista más estrechos.

Gastamos más, pero tenemos menos; compramos más, pero disfrutamos menos. Tenemos casas más grandes, pero familias más pequeñas; más compromisos, pero menos tiempo.

Tenemos más títulos, pero menos sentido común; más conocimiento, pero menos criterio; más expertos, pero más problemas; más medicinas y menos salud. Hemos multiplicado nuestras posesiones, pero hemos reducido nuestros valores.

Hablamos mucho, amamos poco, odiamos demasiado. Aprendimos a armar una vida, pero no a vivirla plenamente. Hemos llegado a la luna y regresado, pero tenemos problemas a la hora de cruzar la calle y conocer a nuestro vecino. Hemos conquistado el espacio exterior, pero no el interior; limpiamos el aire, pero contaminamos nuestras almas.

Tenemos mayores ingresos, pero menos moral. Aumentamos la cantidad, pero no la calidad. Éstos son tiempos de personas más altas con caracteres más débiles, con más libertad, pero menos alegría; con más comida, pero menos nutrición.

Son días en los que llegan dos sueldos a casa, pero aumentan los divorcios; son tiempos de casas más lindas, pero hogares rotos; un tiempo con demasiado en la vidriera y poco dentro.

"No guardes nada para una ocasión especial." Cada día que vives es una ocasión especial; por eso... lee más y limpia menos. Siéntate en la terraza y admira la vista sin fijarte únicamente en las malas hierbas. Pasa más tiempo con tu familia y amigos y menos tiempo trabajando. Las frases "algún día", "uno de estos días" quítalas de tu vocabulario.

Anónimo

163

BANDERA MEXICANA

Recordemos que este símbolo fue el que guió a los aztecas a establecerse en un islote en mitad del enorme lago que alguna vez, hace muchos años, ocupaba el centro de este hermoso valle de México.

Allí fundaron la ciudad de Tenochtitlan, dándole ese nombre en honor del sacerdote Tenoch que los había animado, los había alentado y los había guiado durante su larga peregrinación desde el mítico lugar de Aztlán hasta ese islote.

El escudo aparece rodeado en la parte inferior por dos ramas, una de encina, que representa la fuerza y la sabiduría y otra de laurel, que representa la inmortalidad y la victoria.

Esta querida bandera será sustituida por otra, pero no olvidemos que es la misma. No hay más que una bandera mexicana, una bandera nacional y todas las que vemos y reverenciamos son su representación.

El tiempo ha deslucido sus lienzos, el sol y el viento la han maltratado. Ahora, al ser sustituida por una nueva, no la vamos a abandonar en algún remoto cajón de un mueble. Para no olvidarla, hoy la incineramos con veneración y sus cenizas serán puestas en una urna.

Bandera mexicana, símbolo de la Patria, que debemos amar con todo nuestro corazón y respetar con toda inteligencia, como amamos al hermoso país en el que hemos tenido el orgullo de nacer. Representas a la tierra en que vivimos y ahora volverás a la tierra, en señal de respeto y veneración.

En esta nuestra escuela querida, como en todas las escuelas de México, existe la preciosa tradición de tener una bandera mexicana a la que nosotros, profesores y alumnos, hemos rendido honores cada semana y ha estado orgullosamente presente en los días que hemos celebrado algún acontecimiento.

Y nos ha animado para llevar a cabo nuestro trabajo, nuestras tareas y, también, nos ha acompañado en nuestros juegos.

Bella, bellísima bandera mexicana que con sus tres colores ondea airosa al viento de la Patria, que nos ha cobijado, nos ha amparado y nos ha dado aliento durante todos estos años.

Representa los ideales que todos los mexicanos, hombres y mujeres, ancianos, jóvenes y niños, anhelamos y pregonamos.

Bandera mexicana que con tus tres colores simbolizas, con el blanco, la pureza, con el verde la independencia y con el rojo la unión.

Contienes en tu centro, destacándose sobre el color blanco, el soberbio escudo nacional.

Un águila majestuosa, enhiesta, parada sobre un nopal, que brota de una peña rodeada de agua. Con sus garras y pico, atenaza a la serpiente, simbolizando el predominio del bien sobre el mal.

Mitzie

Qué difícil debe ser aceptar dejar de ser.

David Gorodinsky

El lenguaje de los fracasados, las excusas; por ello, el éxito nunca las requiere.

Anónimo

Fiera pasión mexicana

¿Quiénes hicieron los planes de estudio en la época en que fui a la escuela? Para mí existían Grecia y Roma, pero México no.

Estudié etimologías griegas y latinas, pero nadie me dijo nada de la riqueza de las lenguas indígenas, de su honda y múltiple presencia en el hablar del mexicano.

Aprendí de memoria las Siete Maravillas del Mundo, pero no me dijeron que México tiene mil más que maravillan.

Me contaron la historia de mi patria como la de una continua lucha entre los buenos y los malos, y sólo cuando salí de la escuela pude aprender que ni los buenos eran tan buenos ni los malos tan malos. Ahora que voy y vengo, que entro y salgo, que subo y bajo, que camino y vuelo por todos los rumbos del país, vivo en un éxtasis perpetuo.

Oigo palabras no sabidas que apunto y hallo luego en los libros. Voy a los nobles sitios en que adoraron al sol nuestros antepasados y me deslumbro con sus pirámides y templos, prodigios mayores que muchos de los que en Europa miran los turistas.

Luego penetro en las iglesias coloniales; me hundo en las locuras ultrabarrocas y churriguerescas, y vuelvo a la razón con el severo equilibrio de Tresguerras.

Recobro el perdido paraíso en los tianguis con sus frutas edénicas y esdrújulas: jícama y guanábana.

Miro desde lo alto del cielo las sierras, los volcanes, las selvas, el desierto, el mar tierno y salvaje, las monstruosas ciudades, los suaves pueblos de pared blanca y techo rojo, y miro el rostro de la gente; los ojos de los niños, la sabia lentitud de nuestros indios, que saben cosas que jamás sabremos los ladinos porque tenemos varios lados.

Y comulgo a la patria, me la comulgo en sus sápidos guisos increíbles que Brillat-Savarin ni siquiera alcanzaría a contar así contara dos mil años de vida.

¿Por qué, Dios santo, por qué no aprendemos a amar con fiera pasión a este país hermoso, tan noble, tan dolido, que todo nos da y al que le regateamos todo? ¿Por qué dejamos que lo ensucie la indignidad?

¿Por qué no trabajamos, así sea en la corta medida de nuestra pequeñez, para hacer que mañana sea la patria mejor de nuestros hijos y de los hijos de ellos?

Catón

No hagas negocios con los amigos sino amigos en los negocios.

Augusto Patrón Castillo

El tránsito en que una nación en periodo evolutivo se encuentra exige enorme humildad en el triunfador y enorme grandeza en los derrotados.

Anónimo

MI PATRIA

Hijo, mira este lienzo: es mi patria, México.

Por este suelo que viste el horizonte caminaron mis abuelos.
Por aquí el piso tiene revestimiento; por allá, es de tezontle, o
una alfombra dorada de espigas de trigo o de maíz emergiendo.

Por acá, el pastizal; por allá, el estero. Pero todo, todo es México:
hasta donde marcan los linderos, tuyo y mío son el mar, la tierra,
el sol, la lluvia, el cielo...

Si escuchas al quetzal y al viento, a la marimba, al riachuelo; si
observas las montañas, las casas y los cerros; a los ancianos, a los
niños y niñas sonriendo, lo sentirás en tu pecho: sabrás que todo,
todo ello es México.

Aquí, querido hijo, está tu origen: tu primera alborada la regaló
este cielo y echaron aquí sus raíces tus padres... y nuestros abuelos.

Cuando pienso en mi patria, recreo todo esto y más: mis amigos,
mis hijos, mi compañero; los campesinos, los médicos, los
cuentacuentos... Los árboles. La Luna. Los sueños.

Patricia Sánchez Celaya

Son las aguas internas, y no las externas, las que hunden un barco.

David Gorodinsky

LOS OTROS

Mientras sigamos pensando que "los otros" no tienen nada que ver con nosotros, mientras sigamos sintiendo que las cosas de "los otros" no tienen nada que ver con nuestras cosas, mientras el rostro gris que pasa por la calle sea como un retrato sin hombre adentro, sin mujer adentro... seguiremos siendo los habitantes de la tristeza, de la indiferencia, de la soledad.

Empecemos a mirar a los ojos viendo el alma, a sonreír porque sí, entregando una lámpara encendida en la sonrisa, a acercarnos a "los otros" sin un motivo importante, o por el más importante de los motivos: querer conocerlos, querer quererlos.

Y así, "los otros" dejarán de ser "los otros" para ser "mis amigos".

Y el mundo tendrá la tibieza que evita que sigan enfriándose y perdiéndose los más valiosos sentimientos del ser humano.

Los que lo hacen estremecer, llorar, reír, darse, recibir.

Anónimo

No esperes que el trabajo sea realizado por duendes; la única magia que existe en el progreso es la conjunción de ¡esfuerzo, dedicación y entusiasmo!

Roger Patrón Luján

ACTA DE INDEPENDENCIA DEL IMPERIO MEXICANO

Congregada en la Capital de él, en 28 de setiembre (sic) de 1821.

La nación mexicana, que por 300 años ni ha tenido voluntad propia ni libre el uso de la voz, sale hoy de la opresión en que ha vivido.

Los heroicos esfuerzos de sus hijos han sido coronados, y está consumada la empresa eternamente memorable, que un genio, superior a toda admiración y elogio, amor y gloria de su patria, principió en Iguala, prosiguió y llevó al cabo arrollando obstáculos casi insuperables.

Restituidos, pues, esta parte del Septentrión al ejercicio de cuantos derechos le concedió el Autor de la naturaleza, y reconocer por inenajenables y sagradas las naciones cultas de la tierra, en libertad de constituirse del modo que más convenga a su felicidad, y con representantes que puedan manifestar su voluntad y sus designios, comienza a hacer uso de tan preciosos dones y declara solemnemente por medio de la Junta Suprema del imperio, que es Nación soberana e independiente de la antigua España, con quien, en lo sucesivo no mantendrá otra unión que la de una amistad estrecha en los términos que prescriben los tratados: que establece relaciones amistosas con las demás potencias, quedando respecto de ellas, cuantos retos puedan y estén en posesión de ejecutar otras naciones soberanas: que va a constituirse con arreglo a las bases que en el plan de Iguala y tratado de Córdoba estableció sabiamente el primer gefe (sic) del ejército imperial de las tres garantías; y en fin, que sostendrá a todo trance, y con el sacrificio de los haberes y vidas de sus individuos, si fuere necesario esta solemne declaración.

Hecha en la capital del imperio a veintiocho de setiembre (sic) del año de mil ochocientos veintiuno, primero de la independencia mexicana.

Pronunciada por la junta soberana del Imperio Mexicano

Diferencia que marca la diferencia

Soñamos con la felicidad como un binomio de progreso y dinero. Así como hay personas pobres y ricas hay países pobres y ricos.

La diferencia entre los países pobres y los ricos no se basa en un solo factor, en un solo esquema; no es la antigüedad del país, tampoco son los recursos con que cuenta, no es la inteligencia de las personas y tampoco es la raza la que marca la diferencia:

¡La ACTITUD de las personas es la diferencia!

Al estudiar la conducta de las personas con éxito se descubre que en su mayoría han seguido estas reglas:

> La moral como principio básico.
>
> El orden y la limpieza.
>
> La honradez.
>
> La puntualidad.
>
> La responsabilidad.
>
> Su afán por el ahorro y la inversión.
>
> El deseo de superación.
>
> El respeto a la ley y los reglamentos.
>
> El respeto al derecho de los demás.
>
> Su amor al trabajo.

¿Necesitamos más leyes? ¿No sería suficiente con cumplir y hacer cumplir estas diez simples reglas?

No somos pobres porque a nuestro país le falten riquezas naturales, o porque la naturaleza haya sido cruel con nosotros. Simplemente nos falta carácter para cumplir estas premisas básicas de funcionamiento de las sociedades.

Anónimo

Se llamaba Sueño

Una vez en el lugar más hermoso del universo... vivía un niño llamado Sueño, el cual anhelaba crecer y conocer otros mundos.

Sueño se la pasaba por allá en lo alto, por las nubes jugando y jugando todo el día.

Una vez Sueño se dio cuenta de que él no crecía como crecían sus amigos, además empezó a sentirse muy débil y poco a poco perdió sus ganas de jugar.

Un gran día llegó un mensajero que llevaba consigo un maletín muy especial que contenía alimentos para así fortalecer y hacer crecer a Sueño.

Desde el mismo instante en que aquel mensajero llegó, Sueño empezó a sentirse mejor y mejor, ya que cada día aquel mensajero lo alimentaba con aquellos manjares.

Muchos caldos de constancia con fuerza, platos muy nutritivos de voluntad y trabajo, postres hechos a base de paciencia, fantásticos jugos hechos con decisión y, lo más importante, tratándolo con mucha confianza.

Sueño creció y creció y llegó a dejar de ser Sueño para convertirse en Meta y, claro que siguió jugando, pero ya no por las nubes sino aquí en la tierra; cada vez más conoció otros mundos, mundos como la felicidad y la satisfacción, y un día no muy lejano, Meta dejó de ser Meta y se transformó en REALIDAD.

Nada graba tan fijamente en nuestra memoria alguna cosa como el deseo de olvidarla.

Michel de Montaigne

172

UNA LECCIÓN DE DEMOCRACIA

La mejor lección de democracia que he escuchado la recibí de un muchacho de 16 años de edad.

Era yo director del Ateneo Fuente, institución educativa gloriosa de Saltillo. Hubo elección de presidente de la sociedad de alumnos y, cuando se hizo la cuenta de los votos se halló que un candidato tenía un voto más que el otro, entre más de dos mil sufragios emitidos.

Se hizo un recuento y el resultado fue el mismo: ganaba uno de los candidatos por esa mínima diferencia, un voto. A petición del otro candidato se repitió la contabilidad. El resultado no cambió.

Entonces el perdedor tendió la mano a su adversario y le dijo con juvenil solemnidad: "Compañero: es usted el nuevo presidente de la sociedad de alumnos".

Uno de sus amigos le reprochó luego esa conducta:

"Pudiste haber impugnado la elección; después de todo perdimos por un voto nada más". Respondió él: "No perdimos por un voto. Perdimos por todos los votos. Ese voto de diferencia puede ser el de cualquiera de nuestros compañeros. Al respetar su voto respetamos todos los votos."

De aquel muchacho aprendí más sobre la democracia que en todos los tratados de teoría política. La democracia se basa en la creencia en la dignidad del hombre, de todos los hombres.

Para que todos cuenten, debe contar cada uno.
Si contra uno se atenta, contra los demás también se atenta.
Si a uno se hace agravio, se agravia a todos los demás.

Catón

LA COMUNICACIÓN CON DIOS

Lo sublime de lo eterno está en sus obras; cada día lo constato y lo disfruto.

Roger Patrón Luján

Le pedí a Dios...

Le pedí a Dios que me quitara el orgullo.

Dios dijo: No, no es mi papel quitarlo,
sino el tuyo dejarlo.

Le pedí a Dios que curara a mi hija discapacitada.

Dios dijo: No, su mente es lo que cuenta,
su cuerpo es sólo temporal.

Le pedí a Dios que me diera paciencia.

Dios dijo: No, la paciencia es producto
de las tribulaciones; no se otorga, se gana.

Le pedí a Dios que me diera felicidad.

Dios dijo: No, yo te doy bendiciones,
la felicidad depende de ti.

Le pedí a Dios que disminuyera mi dolor.

Dios dijo: No, el sufrimiento te aparta
de lo mundano y te acerca a mí.

Le pedí a Dios que hiciera crecer mi espíritu.

Dios dijo: No, debes crecer por ti mismo,
pero yo te podaré para hacerte productivo.

Le pedí a Dios todas aquellas cosas que gozaría en la vida.

Dios dijo: No, te daré la vida
para que puedas gozar todas de las cosas.

Anónimo

177

CULTIVANDO VALORES

Anoche tuve un sueño raro.

En la plaza mayor de la ciudad habían abierto una tienda nueva. El rótulo decía: "Regalos de Dios". Entré. Un ángel atendía a los clientes.

Yo, asombrado, le pregunté:

—¿Qué es lo que vendes, ángel del Señor?
—Vendo cualquier don de Dios.
—¿Cobras muy caro?
—No, los dones de Dios los damos gratis.

Miré los grandes estantes; estaban llenos de frascos de fe, ánforas de amor, bultos de esperanza, cajas de salvación y muchas cosas más. Yo tenía gran necesidad de todas aquellas cosas.
Cobré valor y le dije al ángel:

—Dame, por favor, bastante amor a Dios; dame perdón de Dios; un bulto de esperanza; un frasco de fe y una caja de salvación.

Mucho me sorprendí cuando vi que de todo lo que le había pedido, el ángel me hizo un solo paquete que colocó sobre el mostrador, un paquete tan pequeño como el tamaño de mi corazón.

¿Será posible? —pregunté— ¿Eso es todo?

El ángel me explicó:

—Es todo; Dios nunca da frutos maduros.

¡Él sólo da pequeñas semillas que cada quien debe cultivar!

Anónimo

ORACIÓN PARA CONSEGUIR EL BUEN HUMOR

En 1525, Tomás Moro escribió esta plegaria:

Concédeme, Señor, una buena digestión y algo también
que digerir.

Concédeme la salud del cuerpo y el buen sentido que se
necesita para conservarla.

Concédeme también un espíritu sano que sepa escoger lo que
es bueno, pero que no se asuste a la vista del pecado, para que
pueda poner de nuevo todo en orden.

Concédeme una mente que nunca sepa lo que es el aburrimiento,
y no permitas jamás que me preocupe demasiado de esa
criaturilla tan presuntuosa que se llama "yo".

Concédeme finalmente, Señor, el divino sentido del humor.

Dame la gracia de saber reír una broma, a fin de poder
disfrutar algo de la vida y ayudar a que también la disfruten
los demás.

Santo Tomás Moro

*Permite que cada día sea suficientemente ocupado para llenar mi vida con
buenos propósitos y acciones positivas, especialmente...*

*Permite que encuentre el tiempo para.vivir nuevas experiencias, obtener
nuevas amistades, nuevas ilusiones...*
¡para ser feliz!

Anónimo

179

TENDRÁS TIEMPO...

Cuando te levantabas esta mañana, te observaba y esperaba que me hablaras, aunque fuera unas cuantas palabras preguntando mi opinión o agradeciéndome por algo bueno que te haya sucedido ayer.

Pero noté que estabas muy ocupado buscando la ropa adecuada para ponerte e ir al trabajo.

Seguí esperando de nuevo, mientras corrías por la casa arreglándote; supe que habría unos cuantos minutos para que te detuvieras y me dijeras

¡Hola!...

pero estabas demasiado ocupado.

Te observé mientras ibas rumbo al trabajo y esperé pacientemente todo el día.

Con todas tus actividades supongo que estabas demasiado ocupado para decirme algo.

Pero está bien, aún queda mucho tiempo, me dije.

Después encendiste el televisor; esperé pacientemente mientras veías un programa, mientras cenabas; pero nuevamente te olvidaste de hablar conmigo.

A la hora de dormir, creo que ya estabas muy cansado.

Después de decirle buenas noches a tu familia, caíste en tu cama y casi de inmediato te dormiste; no hay problema, porque quizás no te das cuenta de que siempre estoy ahí para ti.

Tengo más paciencia de la que te imaginas.

También quisiera enseñarte cómo tener paciencia con otros.

Te amo tanto que espero todos los días por una oración, un pensamiento o un poco de gratitud de tu corazón.

Bueno, te estás levantando de nuevo y otra vez esperaré sin nada más que mi amor por ti, esperando que el día de hoy me dediques un poco de tiempo.

¡Que tengas un buen día!

Tu amigo: Dios

Anónimo

Qué mejor manera de comenzar el año que dando gracias, Señor, por un año nuevo, por la luz del día. Porque al comenzar el año, inicia para mí una nueva etapa, una nueva edad.

Me invade la alegría por lo que de mi ser ha sido estos años.

Por los sueños logrados, por los que mucho me aman, por los que nada me quieren, por los que me hieren.

Agradezco por la dicha y la paz, por la unidad y el amor, por todo cuanto he logrado a través de mi vida.

¡Gracias, Señor!

Búscame

Me encanta Dios

Me encanta Dios.

Es un viejo magnífico que no se toma en serio. A Él le gusta jugar y juega, y a veces se le pasa la mano y nos rompe una pierna o nos aplasta definitivamente. Pero esto sucede porque es un poco cegatón y bastante torpe de las manos.

Nos ha enviado a algunos tipos excepcionales como Buda o Cristo o Mahoma o mi tía Chofi, para que nos digan que nos portemos bien. Pero esto a Él no le preocupa mucho: nos conoce. Sabe que el pez grande se traga al chico, que la lagartija grande se traga a la pequeña, que el hombre se traga al hombre. Y por eso inventó la muerte; para que la vida —no tú, ni yo— la vida, sea para siempre.

Ahora los científicos salen con su teoría del *Big Bang*... pero ¿qué importa si el universo se expande interminablemente o se contrae? Esto es asunto sólo para las agencias de viajes.

A mí me encanta Dios. Ha puesto orden en las galaxias y distribuye bien el tránsito en el camino de las hormigas. Y es tan juguetón y travieso que el otro día descubrí que ha hecho —frente al ataque de los antibióticos— *¡bacterias mutantes!*

Viejo sabio o niño explorador, cuando deja de jugar con sus soldaditos de plomo y de carne y hueso, hace campos de flores o pina el cielo de manera increíble.

Mueve una mano y hace el mar, mueve otra y hace el bosque.

Y cuando pasa por encima de nosotros, quedan las nubes, pedazos de su aliento.

Dicen que a veces se enfurece y hace terremotos, y manda tormentas, caudales de fuego, vientos desatados, aguas alevosas, castigos y desastres. Pero esto es mentira.

Es la tierra que cambia —y se agita y crece— cuando Dios se aleja. Dios siempre está de buen humor.

Por eso, es el preferido de mis padres, el escogido de mis hijos, el más cercano de mis hermanos, la mujer más amada, el perrito y la pulga, la piedra más antigua, el pétalo más tierno, el aroma más dulce, la noche insondable, el borboteo de luz, el manantial que soy.

A mí me gusta, a mí me encanta Dios. Que Dios bendiga a Dios.

Jaime Sabines

Señor, enséñame a aceptar que en el proceso de la vida te vas a llevar a un ser querido; ayúdame a preparar mi espíritu para ese día, ilumina mi corazón para que reconozca que estarán bien contigo.

Pero, por favor, ¡que pase mucho tiempo para ello!

Sylvia H. Gallegos

LA ENTREVISTA

Con mi título de periodista recién obtenido, decidí realizar una gran entrevista y mi deseo fue concedido, al permitírseme una reunión con... ¡¡¡Dios!!!

Pasa —me dijo Dios—. ¿Así que quieres entrevistarme?

Bueno —le contesté—, si tienes tiempo...

Se sonríe por entre la barba y dice:

—Mi tiempo se llama eternidad y alcanza para todo; ¿qué preguntas quieres hacerme?

Ninguna nueva, ni difícil para Ti: ¿Qué es lo que más te sorprende de los hombres?

—Que se aburren de ser niños, apurados por crecer y luego suspiran por regresar a ser niños.

Que primero pierden la salud para tener dinero y enseguida pierden el dinero para recuperar la salud.

Que por pensar ansiosamente en el futuro, descuidan su hora actual, con lo que viven como si no fueran a morir y se mueren como si no hubieran vivido.

—¿Me dejas hacerte otra pregunta? —No me respondió con palabras, sino con su tierna mirada. Como Padre, ¿qué es lo que le pedirías a tus hijos?

—Que aprendan que toma años construir confianza y sólo segundos para destruirla, que lo más valioso no es lo que tienen en su vida, sino a quién tienen en su vida.

Que aprendan que deben controlar sus actitudes o sus actitudes los controlarán.

Que bastan unos segundos para producir heridas profundas en las personas que amamos, y que pueden tardar muchos años en ser sanadas...

Que hay gente que los quiere mucho, pero que simplemente no sabe cómo demostrarlo.

Que aprendan que el dinero lo compra todo, pero no necesariamente da felicidad.

Que aprendan que a perdonar se aprende practicando.

Que a veces, cuando están molestos, tienen derecho a estarlo, pero eso no les da derecho a molestar a los que los rodean.

Que los grandes sueños no requieren grandes alas, sino un tren de aterrizaje para lograrlos.

Que los amigos de verdad son tan escasos que quien encuentra uno ha encontrado un verdadero tesoro.

Que no siempre es suficiente ser perdonado por otros; algunas veces deben perdonarse a sí mismos. Que aprendan que son dueños de lo que callan y esclavos de lo que hablan.

La verdadera felicidad no es lograr sus metas, sino aprender a ser felices con lo que tienen.

Que aprendan que la felicidad no es cuestión de suerte, sino producto de sus decisiones. Ellos deciden ser felices con lo que son y con lo que tienen, o morir de envidia y celos por lo que les falta y carecen.

Que, a pesar de que piensen que no tienen nada más que dar, cuando un amigo llora con ellos, encuentren la fortaleza para vencer sus dolores.

Que dos personas pueden mirar la misma cosa y ver algo
totalmente diferente.

Que, sin importar las consecuencias, aquellos que son honestos
consigo mismos, llegan lejos en la vida.

Que de lo que siembran, si es amor, cosecharán felicidad.

Que retener a la fuerza a las personas que aman los aleja de ellos
rápidamente, y el dejarlas ir las deja siempre a su lado.

Que aprendan que amar y querer no son sinónimos, sino
antónimos; el querer lo exige todo, el amar lo entrega todo.

Que nunca harán nada tan grande para que Dios los ame más ni
nada tan malo para que los ame menos; simplemente los ama a
pesar de su conducta.

Que aprendan que la mayor distancia entre ellos y Yo es la
distancia de una simple oración...

¿Será posible que alguna vez aprendamos?

Anónimo

*Hemos aprendido a volar como los pájaros y a nadar como los peces, pero
no hemos aprendido el sencillo arte de vivir juntos, con amor, unidos
como hermanos.*

Martin Luther King

Te he hecho a ti

Por la calle vi una niña tiritando de frío dentro de su ligero vestido y con pocas perspectivas de conseguir una comida decente.

Me encolericé y le dije a Dios:

—¿Por qué permites estas cosas?, ¿por qué no haces nada para solucionarlo?

Durante un rato, Dios guardó silencio.

Pero aquella noche, de improviso, me respondió:

¡Ciertamente que he hecho algo. Te he hecho a ti!

Anthony de Mello

Te agradezco, Señor, por cada paso de mi vida, por cada uno de mis maravillosos hijos, por cada logro y por cada dolor, por cada mirada al amanecer, por mi extraordinaria mujer.

Gracias, Señor, porque el día de hoy, me siento... ¡maravillosamente!

Roger Patrón Luján

La silla

La hija de un hombre le pidió al sacerdote que fuera a su casa a hacer una oración para su padre que estaba muy enfermo. Cuando el sacerdote llegó a la habitación del enfermo, encontró a este hombre en su cama con la cabeza alzada por un par de almohadas. Había una silla al lado de su cama, por lo que el sacerdote asumió que el hombre sabía que vendría a verlo.

—Supongo que me estaba esperando —le dijo.

—No, ¿quien es usted? —dijo el hombre.

—Soy el sacerdote que su hija llamó para que orase con usted; cuando vi la silla vacía al lado de su cama supuse que usted sabía que venía a verlo.

—Oh, sí, la silla —dijo el hombre enfermo— ¿Le importa cerrar la puerta?

El sacerdote sorprendido, la cerró.

—Nunca le he dicho esto a nadie, pero toda mi vida la he pasado sin saber cómo orar. En la iglesia he escuchado siempre sobre la oración, que se debe orar y los beneficios que trae, pero siempre esto de las oraciones me entró por un oído y salió por el otro pues no tengo idea de cómo hacerlo.

Esto fue así hasta hace unos cuatro años, cuando conversando con mi mejor amigo, me dijo:

"Esto de la oración es simplemente tener una conversación con el Señor. Así es como te sugiero que lo hagas... te sientas en una silla y colocas otra silla vacía enfrente tuyo, luego con fe lo miras sentado delante tuyo. No es algo alocado hacerlo pues Él nos dijo Yo estaré siempre con ustedes.

Por lo tanto, le hablas y lo escuchas, de la misma manera como lo estás haciendo conmigo ahora mismo."

—Es así que lo hice una vez y me gustó tanto que lo he seguido haciendo unas dos horas diarias desde entonces. Siempre tengo mucho cuidado de que no me vaya a ver mi hija pues me internaría de inmediato en la casa de los locos.

El sacerdote sintió una gran emoción al escuchar esto y le dijo al hombre que era muy bueno lo que había estado haciendo y que no cesara de hacerlo; luego hizo una oración con él, le extendió un bendición, los santos óleos y se fue a su parroquia.

Dos días después, la hija del hombre llamó al sacerdote para decirle que su padre había fallecido. El sacerdote le preguntó:

—¿Falleció en paz?

—Sí, cuando salía de la casa a eso de las dos de la tarde, me llamó y fui a verlo a su cama; me dijo lo mucho que me quería y me dio un beso. Cuando regresé de hacer compras una hora más tarde ya lo encontré muerto. Pero hay algo extraño en su muerte, pues aparentemente, justo antes de morir, se acercó a la silla que estaba al lado de su cama y recostó su cabeza en ella. Pues así lo encontré. ¿Qué cree usted que pueda significar esto?

El sacerdote se secó las lágrimas de emoción y le respondió:

— *Ojalá que todos nos pudiésemos ir de esa manera.*

Anónimo

Lo que Dios busca es tu corazón más que tu ofrenda.

San Agustín

Aquí, EN LA TIERRA

El padre Suárez charlaba con el Cristo de su iglesia.

—Señor —le preguntó—, ¿existe el infierno?

—¡Claro que existe, Suárez! —le respondió Jesús.

Pero no es el que describió el buen padre Ripalda, ni aquél de que hablan los predicadores para aflojar la bolsa de sus feligreses. El infierno está aquí, sobre la tierra. Ustedes mismos lo hacen con materiales de odio y de violencia; de maldad, indiferencia y desamor. En verdad te digo que es más infierno el que construye el hombre que aquel que imaginó Ripalda.

—¿Qué hacer para no estar en el infierno? —preguntó el padre Suárez.

—Cada obra buena —contestó el Señor—, aun la más pequeña, apaga una llama de ese fuego malo y la convierte en luz de paz y bien.

Cada acto de amor hace que se reduzca el territorio del odio.

Si el hombre es capaz de hacer infiernos tiene también la posibilidad de construir paraísos.

Así dijo el Señor, y el padre Suárez entendió que cada uno de nosotros lleva en sí mismo el cielo y el infierno, y puede escoger entre los dos.

Armando Fuentes Aguirre

Señor, dirige nuestra mente y corazón por el camino de la fe y la alegría.

Anónimo

No digas padre nuestro

No digas PADRE,
    si cada día no te portas como hijo.

No digas NUESTRO,
    si vives aislado en tu egoísmo.

No digas QUE ESTÁS EN EL CIELO,
    si sólo piensas en cosas terrenales.

No digas SANTIFICADO SEA TU NOMBRE,
    si no lo honras.

No digas VENGA A NOSOSTROS TU REINO,
    si lo confundes con el éxito material.

No digas HÁGASE TU VOLUNTAD,
    si no la aceptas cuando es dolorosa.

No digas DANOS HOY NUESTRO PAN,
    si no te preocupas por la gente con hambre,
    sin medicinas, sin libros ni vivienda.

No digas PERDONA NUESTRAS OFENSAS,
    si guardas rencor a tu hermano.

No digas NO NOS DEJES CAER EN LA TENTACIÓN,
    si tienes intención de seguir pecando.

No digas LÍBRANOS DEL MAL,
    si no tomas partido contra el mal.

No digas AMÉN,
    si no has tomado en serio las palabras del PADRE NUESTRO.

Anónimo

LA MADUREZ

Hoy es el mejor día. ¡Lo disfruto intensamente!

Roger Patrón Luján

PLEGARIA

Señor, no permitas que me vuelva un viejo gruñón y
quejumbroso, criticón y pesimista; insoportable para los demás.

Consérvame mi risa y mi sonrisa aunque me vean la boca
desdentada.

Consérvame ese sentido del humor que hace a todo mundo
sentirse a gusto, los amigos, los parientes y uno mismo.

Hazme, Señor, un viejo generoso que sepa compartir lo mío:
mi tiempo y las flores de mi jardín, con los que no tienen ni tierra.

No dejes que me vuelva un hombre del siglo pasado, que hable
siempre de los buenos viejos tiempos, cuando todo estaba bien;
y que desprecie las épocas modernas cuando todo anda mal.

Hazme, Señor, un anciano que no olvide nunca mi juventud;
que más bien rejuvenezca la juventud de los demás.

Señor, Tú que has hecho las estaciones del año y las de la vida,
hazme un hombre de todas las estaciones.

No te pido la felicidad: te pido simplemente que mi última etapa
sea bella, y así, sea también testimonio de tu propia belleza.

Anónimo

FELICIDADES ABUELO

Gracias por compartir con nosotros un año más, por predicar con tu ejemplo los valores que ahora son de toda tu familia.

Por demostrar esa jovialidad que nos transmites con 75 años encima; por el cariño que nos brindas.

Felicidades por ser acreedor del afecto que te demuestran todas las personas que te conocen.

Felicidades por ser la unión de la familia.

Felicidades por ser tú.

Felicidades por haber vivido tantas cosas, tanta historia, tantos desarrollos tecnológicos, tantos momentos con nosotros, por abrirnos brecha en el camino de la vida, por tus consejos no hablados, por tus amigos, por tus hijos, por tus nietos, por tus canas...

¡Felicidades por ser tú!

Anónimo

No lloremos por haberlo perdido, demos gracias por haberlo tenido.

San Agustín

EL MEJOR LIBRO

Cuando tenía 20 años de edad, John Dee era dueño de mil libros.

A los 40 regaló quinientos: se dio cuenta de que no le servían para nada.

A los 60 tenía cien libros nada más. Y aún pensaba que eran muchos.

A los 70 conservaba un solo libro.

Y el día de su muerte no le quedaba ni uno.

Alrededor de su lecho estaban, sí, su mujer, sus hijos y sus nietos.

—Los libros importan en la vida —declaró John Dee—, pero no al final de la vida.

Cuando nos acercamos a la muerte lo que importa es la vida. Y esta familia mía que está aquí es lo más importante de mi vida.

Ellos son el libro más valioso.

Debí dedicar más tiempo a escribirlo mejor.

Los discípulos de John Dee entendieron la última lección de su maestro y procuraron que el mejor libro de su vida fuera su misma vida.

Armando Fuentes Aguirre

La sabiduría no tiene edad.

Juan Manuel Cabada García

Cuarenta años después

¡Qué rico hueles, mi vida!
¡Qué perfumada, mi amor!

Éramos recién casados
fueron frases de rigor;
después del baño él olía
a Yardley o ¡qué sé yo!
mientras yo me perfumaba
con frascos de Christian Dior.

Pero hoy... ¡qué diferencia!

Él huele a ungüentos, y yo,
huelo a pomada del tigre
que me pongo al por mayor.

Él me ayuda a friccionarme;
¡más abajo... por favor!
Luego es mi turno a sobarle
corvas, codos y esternón.

¡Qué distintos camisones!
y las pijamas, ¡qué horror!
ahora ya son de franela
porque ésta sí da calor.

Para él, zapatos de estambre
que la nieta le tejió,
porque los pies se le enfrían
y le duele el corazón.

¡Cómo han cambiado los tiempos
de cuando él me conoció!

Antiguamente lucían
encima de mi buró
una rosa, su retrato,
un perfume y un reloj.

Ahora un frasco de aspirinas,
el ungüento de rigor,
unas vendas, mis anteojos,
la jeringa, la ampolleta,
el algodón y el alcohol.

Y en su buró amontonados
para que quepan mejor,
un vaso para sus "puentes",
el frasco con la fricción,
un libro abierto, sus lentes,
jarabe para la tos
y agua para aspirina
por si nos viene un dolor.

¡Cómo han cambiado los tiempos!
de cuando él me conoció!

Sin embargo recordamos
"lo que el viento se llevó"
añorando lo que fuimos
y viviendo nuestro hoy.

En las mañanas, sin prisa,
siempre la misma canción:

¿Cómo dormiste mi cielo?
¡Un dolor me despertó!

¿Qué te duele mi vida?
¡Hoy tengo un nuevo dolor!

Y por las noches, si acaso,
recordando algo mejor,
oliendo a silicato,
a pomadas y a fricción,
repetimos lo de siempre...
lo mismo de ayer y hoy:

¡Ojalá duermas mi vida!
¡Ojalá duermas mi amor!

Rezamos el Padre Nuestro
y damos gracias a Dios.

Mercedes Erosa de Bejarano

Conforme nos hacemos viejos nuestra visión debería mejorar... no nuestra visión de la Tierra, sino la visión del Cielo.

Max Lucado

Perdemos tanto tiempo en encontrarle sentido a la vida que cuando nos damos cuenta ya nos morimos.

Jorge Lapuente

EL ÁNGEL

En el alba de mi vida se apareció un ángel que sonriendo me dijo: *"aquí estoy desde hoy y para siempre"*.

En ese entonces no sabía lo que significaba siempre. Sentía que era como la verdad que no cambia nunca o como la mentira que tarde o temprano se descubre. Con el tiempo aprendí que esto a veces se invierte, la verdad cambia y la mentira permanece y también lo que significa *siempre*.

Ahora que peino algunas canas, que he sentido y que he pensado, sé lo que es siempre y por qué mi ángel sólo dice desde hoy y para siempre estoy aquí presente.

No lo he olvidado nunca, pero reconozco que tampoco lo recuerdo diariamente. Hemos llegado a conocernos y hemos hecho un trato, en el que yo me he comprometido a consultarlo en las cosas importantes y así lo he hecho.

Siempre que he metido la pata hasta la pierna, le consulto cómo salir y él me aconseja. También me comprometí a estar cuando él me busque y así ha sucedido; cuando estoy perdido entre dudas, me busca y me encuentra. He hecho un buen trato con el ángel: nos manejamos con libertad ilimitada. Yo lo he puesto en duda muchas veces y él, por su parte, también tiene ese derecho; cuando no quiero que me acompañe, lo hace con tal disimulo que, ¿cómo decirlo?, casi no lo noto y hasta creo que se ha quedado dormido en el camino. Sin embargo, al final de la jornada se descubre, cuando sin querer comenta algún suceso que supuestamente no vio.

Tiene puntería para algunas cosas y en otras resulta impertinente; él opina exactamente lo mismo de mí; me lo ha susurrado varias veces cuando él cree que duermo y yo aún despierto lo jalo de las alas y sorprendido intenta zafarse sin recordar que su promesa es siempre estar presente.

Sergio García López

201

¡OYE, VIEJO!

El hombre termina su desayuno sin más motivación que su deseo de volver a acostarse. Después de tomar una ducha y afeitarse, revisa sus trajes pasando la mano sobre ellos como barajándolos y se pregunta: ¿un traje para qué?, ¿para quién me he de vestir?

Como autómata saca una pijama limpia, pero al instante reacciona y la vuelve a guardar replicándose a sí mismo: ¡ya sólo eso me falta, pasar todo el día enfundado en la ropa de dormir!

Después de pensar en su esposa, recapacita, prepara una muda de ropa casual y se viste. Su esposa ya salió a trabajar y cuando regrese a casa, él debe estar presentable para comer juntos.

Dichosa ella que aún trabaja y que puede conversar con los clientes, viendo otras caras en la calle o en la oficina.

En cambio, el hombre en el retiro parece un expediente guardado en el archivo muerto. ¡Cuántas horas le restan al día! ¿Cómo habrá de emplearlas para evitar el tedio?

Tantos años buscando un momento de reposo y hoy no sabe qué hacer con tanta ociosidad. ¿Qué motivos puede tener un viejo para seguir viviendo?

La esposa, los hijos, los nietos, los amigos, la naturaleza y la propia vida, esta vida que en sí ya es un buen motivo.

¡Ya está!

Prepararé la plática para la hora de comer, leyendo el periódico al derecho y al revés.

Abriré las puertas de la casa a los amigos, que alguno de ellos estará dispuesto para recordar conmigo aventuras o inventarse alguna nueva.

Consentiré a mis nietos, haciéndoles bromas para verlos sonrientes y felices. Me convertiré en su cómplice en algunas travesuras y les seguiré la corriente en sus fantasías, que al fin y al cabo los sueños de un niño no están muy distantes de los de un abuelo. Aconsejaré a los hijos sin que ellos lo noten, entregándoles en mano sus propias experiencias buenas o malas, caricias o rechazos, tristezas o alegrías, sueños y desencantos, pero sobre todo con quien ha formado una familia y construido un hogar sólido.

Llenaré los momentos de soledad con un pasatiempo que se ocupe del ocio mal habido, leyendo un buen libro, escribiendo recuerdos o regando las flores.

Sentiré cada mañana como si volviera a nacer y comprenderé que no por ser viejo se está más cerca de la muerte, sino más dentro de la vida.

Aceptaré que el hombre debe prepararse para envejecer dignamente, disfrutando de su vejez, igual que se disfruta la juventud o la niñez.

Podré decir en cada despertar "Gracias a Dios estoy vivo, me valgo por mí mismo y aún puedo respirar con mi cuerpo sin artificios".

El hombre debe aprender a aceptar que ser viejo no es castigo ni mucho menos es la muerte, la vejez es tan sólo un lugar por donde hay que pasar para llegar a la plenitud de la vida, escuchando a cada instante una voz de aliento repitiendo:

¡Oye, viejo! Disfruta este momento, que la vejez no es el fin del mundo y aún te falta un buen trecho por recorrer.

Gabriel Gamar

PARÁBOLA DE UNO MISMO...

Uno va subiendo la vida, de a cuatro los primeros escalones;
lleva todas las luces encendidas y el corazón repleto de ilusiones.

Uno va quemando energías, es joven, tiene fe y está seguro...
soltándose la rienda a su osadía llegará sin retraso el futuro.

Y uno sube, sube, sube,
flotando como un globo en el espacio.
Los humos los confunde con las nubes,
subestimando a todos los de abajo.

Y uno sigue, sigue, sigue;
sumando vanaglorias y ambiciones;
no sabe en realidad lo que persigue
y va de distorsión en distorsión.

Uno es un montón de etiquetas, es un escaparate, un decorado,
un simple personaje de opereta, un fruto de consumo consumado.

Uno es una simple herramienta que tiran cuando ya cae en desuso;
uno lo sabe pero no escarmienta, sigue aferrado a la ilusión.

Y uno piensa, piensa, piensa,
que siempre seguirá en el candelero;
Que nunca ha de vaciarse su despensa,
que aún queda mucho tiempo en el tintero...

Y uno sigue, sigue, sigue,
cautivo de su imagen caminando,
el ego desbordado no concibe
que muchos otros vengan empujando.

Uno va teniendo evidencias, ya no recibe flores ni palmadas;
rechaza que empezó su decadencia, que va por la escalera de bajada.

Y uno alza su voz de protesta, suplica por seguir estando a bordo,
y duda cuando nadie le contesta si se ha quedado mudo o si son sordos...

Y uno baja, baja, baja,
no quiere por orgullo lamentarse;
que ya no es quien baraja la baraja,
ni se ha guardado un as, para jugarse.

Y uno baja, baja, baja,
desciende lentamente hacia el olvido;
hay algo en su balance que no encaja,
lo que ha querido ser y que no ha sido.

Y uno queda solo en la mesa, mirando su pasado amargamente;
le cuesta confesar que ha sido presa de su canto de sirenas permanente.

Y uno es una isla desierta, un médano en el mar, un espejismo;
empieza por abrir todas las puertas, y termina a solas consigo mismo.

Anónimo

Busca la fortaleza de la gente, no su debilidad; busca lo bueno, no lo malo.
Recuerda que la mayoría encuentra lo que busca.

J. W. Chapman

DESPERTAR SIN DOLOR

Aquel hombre lloraba porque su única hija había muerto.

Cierto día tuvo un sueño. Soñó que en la región del más allá cantaban las almas de los muertos. Solamente su hija no cantaba: sufría en silencio apartada de todas las demás.

—¿Por qué no cantas, hija? —le preguntó lleno de aflicción al verla así.

—No puedo— respondió ella— tu tristeza y tus lágrimas no me dejan cantar.

—Es natural mi llanto —intentó justificarse él.

—Sí —le contestó su hija— pero también mi muerte es natural. Eso es lo que no quieres entender y me haces morir de nuevo con tu incomprensión. Ahora tengo una nueva vida que alguna vez conocerás.

Sigue viviendo tú la vida que ahora tienes, no te hagas una muerte de tristeza, y deja que viva yo la vida nueva que con la muerte recibí.

Cuando despertó, el hombre se dio cuenta de que estaba llorando.

¡Sus lágrimas, sin embargo, ya no eran de dolor!

Armando Fuentes Aguirre

VOLVER A EMPEZAR

Aunque sientas el cansancio...

Aunque el triunfo te abandone...

Aunque un error te lastime...

Aunque un negocio se quiebre...

Aunque una traición te hiera...

Aunque una ilusión se apague...

Aunque el dolor queme tus ojos...

Aunque ignoren tus esfuerzos...

Aunque la ingratitud sea la paga...

Aunque la incomprensión corte tu risa...

Aunque todo parezca nada...

   ¡Vuelve a empezar!

                                        Anónimo

No miro para atrás porque se me enchueca el surco.

                              Agricultor de Ocotlán

Hijo mío

El día que este viejo ya no sea el mismo, ten paciencia y compréndeme.

Cuando derrame comida sobre mi camisa y olvide cómo atarme los zapatos, recuerda las horas que pasé enseñándote a hacer las mismas cosas.

Si cuando converses conmigo repito y repito la misma historia, que sabes de sobra cómo termina, no me interrumpas y escúchame. Cuando eras pequeño yo te contaba miles de veces el mismo cuento hasta que cerrabas tus ojitos.

No me reproches porque no quiero bañarme, no me regañes por ello; recuerda los momentos en que te perseguía y los mil pretextos que inventaba para hacerte más agradable tu aseo.

Acéptame y perdóname ya que soy el niño ahora.

Cuando me veas torpe e ignorante frente a todas las cosas tecnológicas que ya no podré entender, te suplico me des todo el tiempo que sea necesario para explicarme.

Acuérdate que fui yo quien te enseñó tantas cosas: comer, vestirte y tu educación para enfrentar la vida tan bien como lo haces son producto de mi esfuerzo y perseverancia.

Cuando en algún tiempo, mientras conversemos, me llegue a olvidar de qué estábamos hablando, dame el tiempo necesario para que yo recuerde y, si no puedo hacerlo, no te burles de mí; tal vez no era importante lo que decía y me conforme con que me escuches en ese momento.

Si alguna vez ya no quiero comer, no me insistas. Sé cuánto puedo y cuánto no debo. También comprende que con el tiempo ya no tengo dientes para morder ni gusto para saborear.

Cuando me fallen mis piernas por estar cansadas de andar, dame una mano tierna para apoyarme, como hice yo cuando comenzaste a caminar con tus débiles piernas regordetas.

Por último, cuando algún día me oigas decir que ya no quiero vivir, no te enfades. Algún día entenderás que eso no tiene nada que ver con tu cariño o cuánto te ame. Trata de comprender que ya no vivo, sino sobrevivo y eso no es vivir.

No te sientas triste o impotente por verme como me ves.

Dame tu corazón, compréndeme y apóyame como lo hice yo cuando empezaste a vivir.

De la misma manera como te he acompañado en tu sendero te ruego me acompañes a terminar el mío.

Dame amor y paciencia que yo te devolveré gratitud y sonrisas con el mismo inmenso amor que tengo por ti.

Anónimo

Todos los hombres se arrepienten en el último momento de su vida, no porque le tengan miedo a la muerte, sino porque están más cerca de Dios.

Anónimo

A MI QUERIDO ABUELO

Tú, abuelo, eres el hombre sabio, sencillo y tenaz; aquel que me enseñó que la vida no es fácil, que es preciso luchar por alcanzar estrellas que soñaste tener.

El tiempo ha pasado desde que de tu mano y de la de mi abuela, disfruté de las maravillas de la vida; todavía recuerdo los viajes, los juegos, los cantos.

O cuando inocente te preguntaba que a dónde íbamos y tú, con una sonrisa en los labios, me contestabas que "a donde el viento nos llevara...".

¿Recuerdas a esa niñita a la que le intrigaba saber qué eran las pequeñas lucecitas que a lo lejos se veían y de las cuales inventaste las mejores historias sobre marcianos? Pues ahora aquella niñita ha crecido, y con los años se ha dado cuenta de que esas lucecitas no eran más que gallineros, y cuando los veo inmediatamente tu recuerdo viene a mí.

Vivimos momentos de inmensa alegría, y también de profunda tristeza, cuando Dios se llevó de nuestro lado a aquella magnífica esposa, consejera y abuela.

Todavía recuerdo tu cara y tus ojos tristes cuando me abrazaste y me dijiste que nunca más estaría con nosotros, pero que desde el cielo me estaría viendo y cuidando siempre.

Los siguientes años fueron los más largos que he vivido.
Mi abuela había muerto, y con ella tu corazón y tu sonrisa también. Yo puse en el cielo a mi abuela y escogí la estrella más grande y brillante para representarla, ya que en nuestra vida eso fue, una estrella que ahora pertenece al cielo. Desde ese día, frente a ella, me propuse recuperar al abuelo que años atrás había perdido.

¿Y sabes, querido abuelito? Con el tiempo me he dado cuenta de que eres como un gran roble, al que la vida sembró en un monte, y desde que fue tan sólo una semilla tuvo que soportar los fuertes vientos que arrasaban las plantas débiles que no alcanzaban a sostenerse.

Pero ese gran roble luchó, se aferró a la tierra que le habían entregado para vivir; la fuerza del viento era tan fuerte y su brisa tan fría, que su corazón se congeló.

Y aunque ahora el sol no deja de salir en ese monte, su corazón sigue guardado en aquel rincón oscuro. Ahora la vida te ha entregado una nueva oportunidad de amar, de reír y de luchar, una bella carita y unos alegres ojitos, esa preciosa niñita que ahora te sonríe y te dice: "papito, te quiero mucho".

Hace algunos meses la vida me ha dado una segunda oportunidad, y no puedo esperar para decirte que te quiero.

María Luisa Álvarez Unda

Lo único importante en la vida son las huellas de amor que dejamos cuando tenemos que despedirnos tan inesperadamente.

Albert Schweitzer
a la memoria de Peter Breidsprecher

211

MILAGROS

El incrédulo le pidió a San Virila un gran milagro para poder creer.

San Virila, en silencio, le mostró un calendario.

—No entiendo— manifestó el escéptico—. ¿Qué es esto?

—Es el milagro que me pides –le contestó Virila— Dios te dejó llegar a este nuevo año. Tal cosa es un milagro. Cada año de vida, cada día, y aun cada hora y cada instante que se nos dan de vida son un milagro prodigioso, una maravilla que no deberíamos dilapidar.

¡Si no ves eso es porque no sabes nada de milagros!

¡Si no ves eso es porque no sabes nada de la vida!

Armando Fuentes Aguirre

La vida es como las naranjas: hay que sacarles el jugo a tiempo.

Domenico Cieri

Máximas de la vida

Ten en cuenta que el gran amor y los grandes logros requieren grandes riesgos.

Cuando pierdes, no pierdes la lección.

Sigue las tres R:
    Respeto a ti mismo.
    Respeto por los otros.
    Responsabilidad sobre todas tus acciones.

Recuerda que no conseguir lo que quieres a veces significa un maravilloso golpe de suerte.

Aprende las reglas, así sabrás cómo romperlas apropiadamente.

No permitas que una pequeña disputa destroce una gran amistad.

Cuando creas que has cometido un error, haz algo inmediatamente para corregirlo.

Ocupa algo de tiempo cada día en estar solo.

Abre tus brazos al cambio, pero no te olvides de tus valores.

Recuerda que a veces el silencio es la mejor respuesta.

Sé considerado con la tierra.

Acércate al amor y a la cocina con osada entrega.

Vive en buena y honorable vida, así cuando seas mayor y mires atrás podrás disfrutarla por segunda vez.

Dalai Lama

Plegaria

Amado Señor:

Consciente soy de mi edad y de que me estoy volviendo mayor.

Ayúdame a no hablar demasiado.

A no ser aburrido y a no ser tan vehemente sobre las cosas que no conozca a fondo.

Que siempre recuerde que el hecho de estar bien enterado de algún asunto no significa que también sea experto en otros.

Ayúdame a observar los rostros de los que me escuchen, para que yo sepa cuándo he hablado demasiado.

Que cuando yo hable vaya directamente al punto, evite detalles minuciosos y datos biográficos de las personas que yo mencione.

Ayúdame a conservar a mis amigos, jóvenes o viejos y evitar hablarles con grandes soliloquios de mis penas y tribulaciones, o de las injusticias que he sufrido.

Que nunca platique de lo ingrato que son mis hijos y que sólo a mi médico le describa con detalle mis dolores.

Ayúdame a darme cuenta de que debo ser amable con mi familia y con mis amigos para hacer que valga la pena que vengan a platicar conmigo.

Que cuando me visiten les proporcione alegría y estímulo mental con mis pláticas.

Ayúdame a sentir interés y simpatía por mis invitados y preocupación por sus problemas.

Enséñame a escuchar con paciencia sus infortunios.

Ayúdame a mantener correspondencia con mis parientes y amigos. Aleja de mí la idea de que puedo y debo dirigir la vida de los que conozco.

Ayúdame a hacerme a un lado de lo que no me interesa y no decir a la gente lo que debe hacer, y a darme cuenta de que seré más feliz si conduzco mi vida con inteligencia.

Y sobre todas las cosas te pido, Señor, que me ayudes a ser bondadoso, que nunca me vea amargado, que no sea irascible o explote con coraje por pequeños disgustos.

Ayúdame, ¡oh, Señor! a usar otra vez el sentido del humor y de autocrítica que alguna vez tuve.

Ayúdame a tener consideración por la debilidad y las imperfecciones de otras personas para que ellos también consideren mis defectos, faltas e imperfecciones.

¡Gracias, Señor, por escucharme!

Anónimo

Cuando tratamos de descubrir lo mejor que hay en los demás descubrimos lo mejor de nosotros mismos.

William Ward

LA PARTIDA

Se ha marchado ya mi abuelo
hacia un lugar desconocido,
dicen que es un lugar bonito,
dicen que es un lugar horrible.

Se ha marchado ya mi abuelo
y sé que volverá algún día,
entre flores de cempasúchil,
entre los humos del incienso.

Vendrá con mis demás hermanos
que ya no están conmigo,
lo llamarán las campanas
y el canto de las estrellas.

Me ha dejado ya mi abuelo
y no voy a extrañar su cuerpo,
y no voy a extrañar su rostro
que miraba desde niño.

Él se llevó su sombra
pero me dejó sus palabras,
me dejó el puntiagudo palo
para sembrar la sagrada tierra.

Desde un mundo muy lejano
me vigilará con sus ojos,
cuando juegue papalotes,
cuando aprenda a sembrar el campo.

Me mirará en el día,
cuando exprima la caña;
me mirará en las fiestas,
cuando me vista de colores.

Se ha marchado ya mi abuelo
y bien sé que vendrá por mí,
cuando en el campo haya mazorcas
y los animales sean respetados.

Algún día me llevará con él,
cuando las plantas enverdezcan,
cuando en el corazón de los hombres
haya alegrías que repartir.

Cuando el sol sea respetado,
cuando los truenos ya no espanten,
cuando el agua no sea sucia
y el aire sea más claro.

Se ha ido ya mi abuelo
pero vendrá para llevarme,
yo habré cumplido sus consejos
y habré seguido sus ejemplos.

Sé que vendrá por mi sombra
y me llevará al lugar desconocido,
dicen que es un lugar bonito,
dicen que es un lugar horrible.

Yo me escaparé de mis sueños,
entre el olor de los tamales,
entre las flores de cempasúchil
y entre los humos del incienso.

Manuel Espinosa Sainos
Poeta totonaca

ÍNDICE DE AUTORES

EL TESORO DE UN REGALO EXCEPCIONAL
en su sexta edición quedó totalmente impreso
y encuadernado el 30 de junio de 2005.
La labor se realizó en los talleres del Centro
Cultural EDAMEX, Heriberto Frías No. 1104,
Col. del Valle, México, D. F., 03100.

Libros
para Todos

CALIDAD TOTAL

APRECIABLE LECTOR: ESTE LIBRO HA SIDO ELABORADO CONFORME A LAS MÁS ESTRICTAS NORMAS DE CALIDAD. SIN EMBARGO, PUDIERA SER QUE ALGÚN EJEMPLAR RESULTARA DEFECTUOSO. SI ESO OCURRIERA LE ROGAMOS COMUNICARSE CON NOSOTROS PARA REPONÉRSELO INMEDIATAMENTE.

LIBROS PARA TODOS ES UNA EMPRESA MEXICANA COMPROMETIDA CON EL PÚBLICO LECTOR HISPANOPARLANTE, QUE TIENE DERECHO A EXIGIR DE LA INDUSTRIA EDITORIAL UNA CALIDAD TOTAL.

LIBROS **PARA SER** *LIBRES*